アクティブ・ラーニングをサポートする！

小学校
教室掲示ポスター&言語能力アップシート事典

井上 一郎 編著

明治図書

まえがき

　本書は，学習者がアクティブ・ラーニングを展開するために必要な言語能力の知識・技能を習得するのをサポートするために，教室や学校図書館等の環境整備として掲示するポスター及び児童・生徒に配布するポイントを図解した教材を編集したものです。これらのシートを参考に，児童・生徒の実態に応じ，各学校や教室の課題に応じ，教師が教材開発するのを支援することを企図して編集しました。アクティブ・ラーニングを具体化し，学習者に見せられる形で掲示及び配布可能な教材開発をした書物は，おそらく本書が初めてだろうと考えています。

　なお，既に，アクティブ・ラーニングについては，子どもが自ら日常的に能力を高めたり，各教科等でも使用できるようなワークシート集として『小学校国語科「汎用的能力」を高める！アクティブ・ラーニングサポートワーク』（明治図書，2015年）を提案しています。本書は，ポスター＆アップシート集として編集した姉妹版となります。また，読解力や表現力を高めるために，学校図書館を利用する児童配布用のポスター＆アップシート集である『アクティブ・ラーニングをサポートする！学校図書館活用プロジェクト　掲示ポスター＆ポイント事典』（明治図書，2017年）も同時に刊行しています。これら3冊を活用し，アクティブ・ラーニングの実現に取り組んでほしいと願っています。

　『幼稚園，小学校，中学校，高等学校及び特別支援学校の学習指導要領等の改善及び必要な方策等について（答申）』（中央教育審議会，平成28年12月21日）及び平成29年3月31日告示の学習指導要領においては，今後10年間の「学びの地図」として，新しい学力観に基づく学習指導法が示されました。改革の根幹は，何と言っても，「育成すべき資質・能力」の明示化と，カリキュラム・マネジメントと結合した教授法＝学習指導法改革であるアクティブ・ラーニングへの移行でありましょう。改革は，国によって次のように規定されてきました。

> 【アクティブ・ラーニング】教員による一方向的な講義形式の教育とは異なり，学習者の能動的な学習への参加を取り入れた教授・学習法の総称。学習者が能動的に学ぶことによって，後で学んだ情報を思い出しやすい，あるいは異なる文脈でもその情報を使いこなしやすいという理由から用いられる。発見学習，問題解決学習，体験学習，調査学習等が含まれるが，教室内でのグループ・ディスカッション，ディベート，グループ・ワーク等を行うことでも取り入れられる。
> 　　　　　　（「予測困難な時代において生涯学び続け，主体的に考える力を育成する大学へ」（審議まとめ）
> 　　　　　　平成24年3月26日　中央教育審議会大学分科会大学教育部会，資料編より）

> 「何を教えるか」という知識の質や量の改善はもちろんのこと，「どのように学ぶか」という，学びの質や深まりを重視することが必要であり，課題の発見と解決に向けて主体的・協働的に学ぶ学習（いわゆる「アクティブ・ラーニング」）
>
> （「初等中等教育における教育課程の基準等の在り方について（諮問）」26文科初第852号，中央教育審議会，平成26年11月20日）

そして，いよいよ新しい学習指導要領の下に改革が始まります。ただ，ここで留意すべきは，国によって考え方を示し，研究者が理論化を図っても，それらを現実化することは難しいということです。その困難が，過去の教育改革が示すように，現実的には多くの実践につながらず，次の改革への移行とともに忘れ去られるという事態を招くことにもなりかねません。例えば，中教審答申では，平成20年学習指導要領の総括を次のように行っています。

> ○そのため，現行の学習指導要領では，言語活動の充実を各教科等を貫く改善の視点として掲げるにとどまっている。言語活動の導入により，思考力等の育成に一定の成果は得られつつあるものの，教育課程全体としてはなお，各教科等において「教員が何を教えるか」という観点を中心に組み立てられており，それぞれ教えるべき内容に関する記述を中心に，教科等の枠組みごとに知識や技能の内容に沿って順序立てて整理したものとなっている。そのため，一つ一つの学びが何のためか，どのような力を育むものかは明確ではない。
>
> （中教審答申：15頁）

いかに，カリキュラム・マネジメントをもとに実際の教材を開発し具体化する中で成果を上げられるかが鍵となります。しかも，各教科等及び各教科等を越えた内容を学習者の視点から具体化しなければいけませんので容易なことではありません。

筆者自身は，25年も前から「読者としての子ども」「自己学習力の育成」を標榜し，理論化と実践を行ってきたところです。

本書では，このような筆者自身の取り組みの延長に，アクティブ・ラーニングを展開するために必要な汎用的内容のうち，言語能力に特化し，次の観点で体系化と系統化をしました。

> 第1章　学ぶ力・思考力を高める！　教室掲示ポスター＆言語能力アップシート
> 　　　　　　　　　　　　　　　　　　　　　　　　　　　（第1～第3ステージ）
> 第2章　「話すこと・聞くこと」の能力を高める！　教室掲示ポスター＆言語能力アップシート
> 　　　　　　　　　　　　　　　　　　　　　　　　　　　（第1～第3ステージ）
> 第3章　「書くこと」の能力を高める！　教室掲示ポスター＆言語能力アップシート
> 　　　　　　　　　　　　　　　　　　　　　　　　　　　（第1～第3ステージ）
> 第4章　「読むこと」の能力を高める！　教室掲示ポスター＆言語能力アップシート
> 　　　　　　　　　　　　　　　　　　　　　　　　　　　（第1～第3ステージ）

　貼付と配布の両方に対応できるようにするとともに，ステージ別の学習段階にしました。各シートは，解説とシートの見開き2頁構成にしています。

　これから，アクティブ・ラーニングが全国で展開します。学習者側に立ったアクティブ・ラーニングの汎用的内容を本書から学んでいただき，ベテラン教師も，若手教師も，各学校及び教室で具体化する取り組みを行ってほしいと願っています。

　本書の編集にあたっては，「全国国語教育カンファランス」会員に執筆をお願いしました。また，明治図書編集部木山麻衣子編集長，奥野仁美氏には，ビジュアルな事典編集という大変なご苦労をおかけしました。執筆者，編集者の方々に，謝意を表します。

　2017年5月

　　　　　　　　　　　　　　　　　　　　　　　　　　　　　　　　　　　　井上一郎

Contents

まえがき 3

序章
教室掲示ポスター＆言語能力アップシートで子どものやる気を高めよう！
井上一郎

1. アクティブ・ラーニングとカリキュラム・マネジメントの具体化 10
2. 言語能力を高める教室掲示ポスターの種類と作成のポイント 15
3. 言語能力アップシートにも使える教室掲示ポスターの活用法 21

第1章
学ぶ力・思考力を高める！教室掲示ポスター＆言語能力アップシート

第1ステージ

1. 勉強の課題や計画の立て方 24
2. 授業の進め方を学ぼう―パーソナル・グループ・クラスワーク 26
3. グループに分かれて勉強しよう―グループの役割分担 28
4. 授業は自分たちで進めよう―協議と討論進行表 30
5. 調べてみよう―五感をいかした観察の仕方 32
6. 図書館へ行こう―ＮＤＣ分類の仕方 34
7. ノートの上手な使い方 36
8. 考えて！考えて！①多面的に考えよう
   ―分けて考えよう・いろいろ比べてみよう・順序付けよう・クェッションチャートを使おう 38

第2ステージ

9. いろいろな調べ方にチャレンジしよう
   ―体験と施設利用・インタビュー・アンケート・本とインターネット 40
10. 辞典を使おう 42
11. いろいろな資料を使おう 44

12. 考えて！考えて！②多面的に考えよう
　　― KWL チャート・PMI チャート・対比チャート・バブルチャートを使おう　46
13. 考えて！考えて！③科学的に考えよう　48
14. 振り返りをいかそう　50

第3ステージ

15. 明確なコメントを述べよう―考察・評価語彙　52
16. 複数の資料を関連付ける　54
17. シンキングチャートを使って考えよう―ベン図を使おう・ツリー図に整理しよう　56
18. 創造的・論理的に考えよう　58
19. 批判的に考えよう　60

第2章
「話すこと・聞くこと」の能力を高める！教室掲示ポスター&言語能力アップシート

第1ステージ

1. 話すための準備をしよう―話すこと・聞くことのプロセス　62
2. かっこいいスピーチをしよう　64
3. 大事なことを押さえて聞こう　66
4. もっと聞いてみよう　68
5. 発表会をひらこう―形式・進行　70

第2ステージ

6. 話すための原稿の書き方　72
7. プレゼンテーションの仕方　74
8. 司会力を高めよう―協議・討論のレベルアップ　76
9. メモを使って聞き取ろう　78
10. インタビューをしよう　80
11. いろいろな司会にチャレンジしてみよう―司会・議長・パネリスト等の種類　82

第3ステージ

12. プレゼンテーションをかっこよくしよう　84
13. 困った時の話し合いの進め方―司会力　86
14. パネルディスカッションの仕方　88
15. ポスターセッションの仕方　90
16. インタビューをいかそう―インタビューの引用　92

第3章
「書くこと」の能力を高める！
教室掲示ポスター＆言語能力アップシート

第1ステージ

1. 書くことのプロセスを知ろう　94
2. 説明文を書いてみよう　96
3. 観察記録文はこんなふうにまとめよう　98
4. 経験したことをまとめておこう　100

第2ステージ

5. 案内状は分かりやすく書こう　102
6. 学級新聞を編集しよう　104
7. 調査報告文は事実に基づいて書こう　106
8. 資料を使った説明文の書き方―図表・グラフ・ポスター　108

第3ステージ

9. 自分の考えを自分の言葉で表現しよう　110
10. 説得力のある意見文の書き方　112
11. パンフレットやリーフレットの作り方　114
12. 説明の言葉―記述力　116

第4章
「読むこと」の能力を高める！
教室掲示ポスター&言語能力アップシート

第1ステージ

1. 文章や本を読んでいこう―読むことのプロセス 118
2. いろいろな本を読もう―形式の種類 120
3. 本をもっと活用しよう―表紙・題名・目次・索引・凡例の読み方 122
4. 読書感想文を書こう―構成・感想語彙 124

第2ステージ

5. ポイントを押さえて要約しよう 126
6. 目的を考えて引用しよう―目的・形式・表現 128
7. いろいろな本にチャレンジしよう―シリーズ・ジャンル・物語文と科学読み物の特徴 130
8. 新聞の読み方 132

第3ステージ

9. 要旨をまとめて活用しよう 134
10. 図表を読む時は注意しよう 136
11. いろいろな読み方にチャレンジ―速読・多読・摘読をしよう 138
12. 読むことの達人になろう
    ― リーディングストラテジー
    （予想して読む・関係付けて読む・疑問をもって読む等） 140

序章 教室掲示ポスター＆言語能力アップシートで
子どものやる気を高めよう！

井上一郎

1. アクティブ・ラーニングとカリキュラム・マネジメントの具体化

学習指導要領のフレームとカリキュラム・マネジメント

　教育改革を進めるためには，①指導目標，②指導内容，③指導方法，④カリキュラム・マネジメントを構想する必要があります。アクティブ・ラーニングは，育成すべき資質・能力を実現するために提案されたものです。二つの関係は，今改訂では，次のように構造化されています。

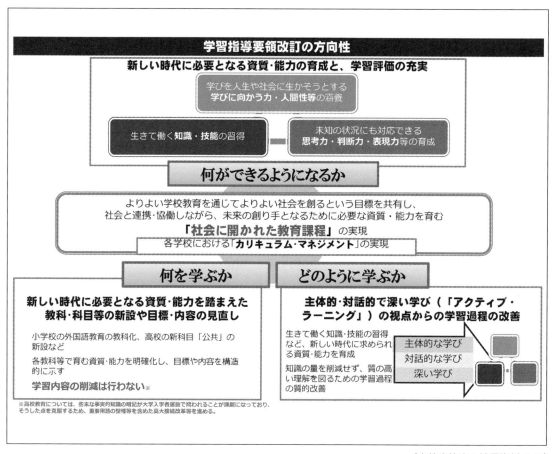

（中教審答申：補足資料6頁）

　このような構造図になったのは，次のような構想があったからです。

① 「何ができるようになるか」（育成を目指す資質・能力）
② 「何を学ぶか」（教科等を学ぶ意義と，教科等間・学校段階間のつながりを踏まえた教育課程の編成）

③ 「どのように学ぶか」（各教科等の指導計画の作成と実施，学習・指導の改善・充実）
④ 「子供一人一人の発達をどのように支援するか」（子供の発達を踏まえた指導）
⑤ 「何が身に付いたか」（学習評価の充実）
⑥ 「実施するために何が必要か」（学習指導要領等の理念を実現するために必要な方策）

（中教審答申：21頁）

　指導目標として，「何ができるようになるか」という点から「育成すべき資質・能力」が示されています。ここで注目すべきは，①「生きて働く知識・技能」に加え，②「思考力・判断力・表現力」，③「学びに向かう力・人間性の涵養」が重要であることを示したことです。必要な学力としてこれらを各教科等，各単元，各授業において同じ重さでこれらの能力を位置付けることを求めたのです。しかも，各教科等に位置付けるだけでなく，指導内容としては「何を学ぶか」や学習評価と関連付けて，各教科等を越えた学習と結合することをカリキュラム・マネジメントに求めたのです。

○　重要となるのは，"この教科を学ぶことで何が身に付くのか"という，各教科等を学ぶ本質的な意義を明らかにしていくことに加えて，学びを教科等の縦割りにとどめるのではなく，教科等を越えた視点で教育課程を見渡して相互の連携を図り，教育課程全体としての効果が発揮できているかどうか，教科等間の関係性を深めることでより効果を発揮できる場面はどこか，といった検討・改善を各学校が行うこと

（中教審答申：15頁）

○　全ての学習の基盤として育まれ活用される資質・能力と教科等の関係を明確にし，言語活動やＩＣＴを活用した学習活動等といった，教科等の枠を越えて共通に行う学習活動を重視し，教育課程全体を見渡して確実に育んでいくこと。

（中教審答申：27頁）

アクティブ・ラーニングの基本的な考え方

　これらを実現するために，指導方法として「どのように学ぶか」が示されました。資質・能力と関連して，学習者の立場に立ってアクティブ・ラーニングを行うことを最も強調しています。ただ，学習者の立場でといっても，課題を提示し，グループ活動を放任したまま，解答時間には教師の正解を示すような学習では，中教審等にもあるように，「活動あって学びなし」と指摘されることにもなります。そこで，アクティブ・ラーニングを実現するためには，次のような視点が必要であると提起しています。

(「主体的・対話的で深い学び」とは何か)
　「主体的・対話的で深い学び」の実現とは，以下の視点に立った授業改善を行うことで，学校教育における質の高い学びを実現し，学習内容を深く理解し，資質・能力を身に付け，生涯にわたって能動的（アクティブ）に学び続けるようにすることである。
① 　学ぶことに興味や関心を持ち，自己のキャリア形成の方向性と関連付けながら，見通しを持って粘り強く取り組み，自己の学習活動を振り返って次につなげる「主体的な学び」が実現できているか。
　　子供自身が興味を持って積極的に取り組むとともに，学習活動を自ら振り返り意味付けたり，身に付いた資質・能力を自覚したり，共有したりすることが重要である。
② 　子供同士の協働，教職員や地域の人との対話，先哲の考え方を手掛かりに考えること等を通じ，自己の考えを広げ深める「対話的な学び」が実現できているか。
　　身に付けた知識や技能を定着させるとともに，物事の多面的で深い理解に至るためには，多様な表現を通じて，教職員と子供や，子供同士が対話し，それによって思考を広げ深めていくことが求められる。
③ 　習得・活用・探究という学びの過程の中で，各教科等の特質に応じた「見方・考え方」を働かせながら，知識を相互に関連付けてより深く理解したり，情報を精査して考えを形成したり，問題を見いだして解決策を考えたり，思いや考えを基に創造したりすることに向かう「深い学び」が実現できているか。

(中教審答申：49～50頁)

　この中でも特に留意しなければならないのは，「深い学び」になるように各教科等の特色・特質を踏まえた「見方・考え方」がまとめて示されたことです。学習力及び思考力・判断・表現力の育成と深く関わり，これらを重視することが求められています。

(「深い学び」と「見方・考え方」)
○ 　「アクティブ・ラーニング」の視点については，深まりを欠くと表面的な活動に陥ってしまうといった失敗事例も報告されており，「深い学び」の視点は極めて重要である。学びの「深まり」の鍵となるものとして，全ての教科等で整理されているのが，第5章3．において述べた各教科等の特質に応じた「見方・考え方」である。今後の授業改善等においては，この「見方・考え方」が極めて重要になってくると考えられる。
○ 　「見方・考え方」は，新しい知識・技能を既に持っている知識・技能と結び付けながら社会の中で生きて働くものとして習得したり，思考力・判断力・表現力を豊かなものとしたり，社会や世界にどのように関わるかの視座を形成したりするために重要なもの

である。

(中教審答申：52頁)

　ここで，筆者の立場から Active Learning の活動イメージをまとめておきましょう。欠かせないアクティブ・ラーニングの基本的な定義は，次のようになります。

① General　汎用的な指導内容（汎用的能力 general capabilities の体系化）
② Active　能動的な学習
③ Independent　主体的な学習
④ Diversity　多様性の重視
⑤ Collaborative　協働的な学習

　このような定義からは，次のような学習活動を構想することになります。

★　「教師中心から子ども個々を中心に」した学習への転換
★　「教え方から学び方へ」の転換
★　学習者（learner）として子どもの活動を中核に据えた学習
★　学習者（learner）を支援する教材開発
★　学び方（learning skll）の支援の優先
★　学習資料や学習過程をメタ認知し（metacognition），自己評価する学習過程
★　結果に責任をもち（commit），定着するまで繰り返すカリキュラム

　たとえアクティブであっても，1つの単元だけで満足していたら，「活動あって学びなし，学びあって定着なし」といった事態を招きます。指導方法と学習方法を相互作用的に見据え既知から新知へ，そして定着へと図っていくことが重要です。学習活動を両面から見る見方も，整理しておきましょう。

教え方／学び方の metacognition
① 何を知らせたか（学習系統）／知っているか（既習）
② 何を教えるか（指導内容）／何を学ぶか（学習内容）
　＝知識・技能，学習力，読解力・思考力・判断力・表現（記述）力，社会・世界・人生

との結合
③　どのように教えるか（教授法）／どのように学ぶか（学習法）
④　どのように評価するか（評価方法，自己評価・相互評価）
⑤　何を学んだか（指導結果分析／学習結果分析）
⑥　何ができるようになったか
　　（Rubric, Perfomance, Portfolio 等による Assessment）
⑦　どう定着させるか（反復／定着）

2．言語能力を高める教室掲示ポスターの種類と作成のポイント

言語能力育成の意義

さて，このようなアクティブ・ラーニングを実現するためには，各教科等の基盤となること，そのような意味で General capability 汎用的能力をどのようなものとするのかといったことが問われます。21世紀型学力論，PISA のキーコンピテンシー，TIMSS，全国学力・学習状況調査等において議論された学力論をここで紹介する紙数はありませんが，既に次の著作において学校全体でカリキュラム・マネジメントを行うために必要な汎用的能力を示しています。（詳細は，井上一郎，永池啓子共編『学力がグーンとアップする！自学力育成プログラム』2014年参照）

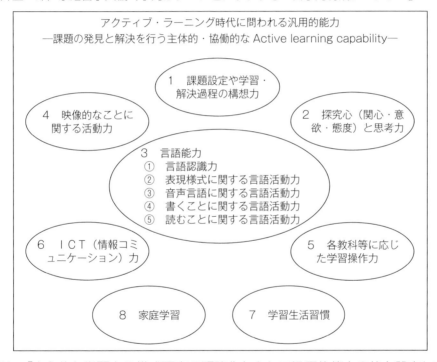

第一には，「自主的な学習力の構成要素の明確化」として汎用的能力の柱を設定しています。

A　学ぶことを学ぶ―自主的学習力
　各教科等に応じて自ら課題を設定し解決する方法と，日常的な学習習慣を身に付ける。
B　考えることを学ぶ―自立的思考力
　結論や解決を得るために自立して追究し判断する思考と，興味をもって深く思考することを身に付ける。
C　言葉を学ぶ―自己読解力と自己表現力

> 多様な表現様式の言語表現とそれらのプロセスに応じ，自分の独自性において読解したり表現したりする個別的・個性的な言語能力を身に付ける。

　第二には，これらを含む汎用的能力全体の内容を一覧にしています。小学校全体のカリキュラム・マネジメントを実現する過程を追究する中で，理論的にも実践的にも必要なものを整理し完成させたものです。実際の学校で具体化した，新学習指導要領の先行実践となるものです。
　本書では，これらの中から中教審答申でも特に重視されている言語能力を高めるポスター＆アップシートを精選して編集しようと構想しました。汎用的な能力の中核を占める最も重要な学習基盤となるのが言語能力です。中教審答申でも次のように述べています。

○　言葉は，学校という場において子供が行う学習活動を支える重要な役割を果たすものであり，全ての教科等における資質・能力の育成や学習の基盤となるものである。したがって，言語能力の向上は，学校における学びの質や，教育課程全体における資質・能力の育成の在り方に関わる課題であり，第1章において述べたように，文章で表された情報の的確な理解に課題があると指摘される中，ますます重視していく必要がある。

注70：学習の基盤となる資質・能力と学習活動の関係については，言語活動を通じて育成される言語能力（読解力や語彙力等を含む。），言語活動やＩＣＴを活用した学習活動等を通じて育成される情報活用能力，問題解決的な学習を通じて育成される問題発見・解決能力，体験活動を通じて育成される体験から学び実践する力，「対話的な学び」を通じて育成される多様な他者と協働する力，見通し振り返る学習を通じて育成される学習を見通し振り返る力などが挙げられる。

○　このように整理された資質・能力を，それが働く過程，つまり，私たちが認識した情報を基に思考し，思考したものを表現していく過程に沿って整理すると，別紙2-2のとおりとなる。①テクスト（情報）を理解するための力が「認識から思考へ」の過程の中で，②文章や発話により表現するための力が「思考から表現へ」の過程の中で働いている。

○　言語能力は，こうした言語能力が働く過程を，発達段階に応じた適切な言語活動を通じて繰り返すことによって育まれる。言語活動については，現行の学習指導要領の下，全ての教科等において重視し，その充実を図ってきたところであるが，今後，全ての教科等の学習の基盤である言語能力を向上させる観点から，より一層の充実を図ることが必要不可欠である。

（中教審答申：35～36頁）

これらを見ると，教科等を越えた内容である学習過程を具体化していく自己学習力（課題解決力）と，思考力・判断力，加えて言語能力の「話す・聞く・話し合う・書く・読む」言語活動とそれらを推進する能力の必要性が浮かび上がってきます。これらは，先著に示した汎用的能力と合致するものであり，本書では，このような考え方に基づいて以下のように体系化を図りました。

> 第１章　学ぶ力・思考力を高める！　教室掲示ポスター＆言語能力アップシート
> 　　　　　　　　　　　　　　　　　　　　　　　　　　（第１～第３ステージ）
> 第２章　「話すこと・聞くこと」の能力を高める！　教室掲示ポスター＆言語能力アップシート
> 　　　　　　　　　　　　　　　　　　　　　　　　　　（第１～第３ステージ）
> 第３章　「書くこと」の能力を高める！　教室掲示ポスター＆言語能力アップシート
> 　　　　　　　　　　　　　　　　　　　　　　　　　　（第１～第３ステージ）
> 第４章　「読むこと」の能力を高める！　教室掲示ポスター＆言語能力アップシート
> 　　　　　　　　　　　　　　　　　　　　　　　　　　（第１～第３ステージ）

　第一に，すべての教科の基盤となる学習力，思考力・判断力・表現力（記述力）を厳選します。
　第二に，言語能力を取り立てて学習できるように，「話す・聞く・話し合う・書く・読む」ときの言語活動とそれらを支える内容を厳選します。
　第三に，各領域の内容を能力の難易度を考え，ステージ別（発達段階別）に整理します。学年別に構成しないのは，実際の子どもの様子に応じて内容を選択できるようにするためです。

各章におけるシートの内容構成

●ポスター＆アップシートの構成
　第１章は，すべての授業で使えるラーニングスキル・シンキングスキルの内容を中心に体系化しています。「思考力・判断力・表現力」「学びに向かう力・人間性の涵養」の中でも，学習を進める課題解決力や思考力・判断力等を中核にして選択しています。
　第２章～第４章は，言語活動を高めるために「話すこと・聞くこと」「書くこと」「読むこと」に基づいて体系化しています。実際には，下記の一覧表のようなシート59枚を作成しました。これらは，すぐに各学校で具体化できるレベルにすること，児童の実態を考慮することをもとに作成しました。指定校や市全体の教育・学力アドバイザーとして提案し，実際に活用してきた実績もあります。まえがきで述べたように，理論や教育行政による改革推進が行われても，具体化を図らないと実現していくことは難しいでしょう。そのような意味から，アクティブ・ラーニングを展開するために，また育成すべき資質・能力を確実なものにするために必要なものの事項を提案したものとなっています。

ステージ		ポスター&アップシートの内容	ポスター&アップシートで示すポイント
第1章：学ぶ力・思考力を高める！ 教室掲示ポスター&言語能力アップシート（19枚）			
第1ステージ	①	勉強の課題や計画の立て方	学習課題の設定及び学習計画の立て方
	②	授業の進め方を学ぼう―パーソナル・グループ・クラスワーク	単位時間の学習プロセス
	③	グループに分かれて勉強しよう―グループの役割分担	グループ学習の仕方と役割
	④	授業は自分たちで進めよう―協議と討論 進行表	協議と討論の進行・司会の仕方と進行表
	⑤	調べてみよう―五感をいかした観察の仕方	調べる方法―観察
	⑥	図書館へ行こう―NDC分類の仕方	学校図書館・公共図書館の本の分類基準
	⑦	ノートの上手な使い方	授業で活用するノートの構成と活用方法
	⑧	考えて！考えて！①多面的に考えよう―分けて考えよう・いろいろ比べてみよう・順序付けよう・クエッションチャートを使おう	シンキングスキル―分析，比較，順序付け，疑問
第2ステージ	⑨	いろいろな調べ方にチャレンジしよう―体験と施設利用・インタビュー・アンケート・本とインターネット	調べる方法―インタビュー，現地でアンケート，体験して施設利用
	⑩	辞典を使おう	辞典の種類と使い方
	⑪	いろいろな資料を使おう	文章，データ等多様なテキスト資料の自覚
	⑫	考えて！考えて！②多面的に考えよう―KWLチャート・PMIチャート・対比チャート・バブルチャートを使おう	シンキングスキル―KWLチャート，PMIチャート，対比チャート，全体と部分
	⑬	考えて！考えて！③科学的に考えよう	シンキングスキル―科学的思考
	⑭	振り返りをいかそう	振り返りによる学習のメタ認知
第3ステージ	⑮	明確なコメントを述べよう―考察・評価語彙	事実や作品への感想，考察，評価等のコメント
	⑯	複数の資料を関連付ける	複数の資料を関連付けて読解する方法
	⑰	シンキングチャートを使って考えよう―ベン図を使おう・ツリー図に整理しよう	シンキング・スキル―ベン図，ツリー図
	⑱	創造的・論理的に考えよう	シンキング・スキル―創造的・論理的思考
	⑲	批判的に考えよう	シンキング・スキル―批判的思考

第2章:「話すこと・聞くこと」の能力を高める！ 教室掲示ポスター&言語能力アップシート(16枚)			
第1ステージ	①	話すための準備をしよう―話すこと・聞くことのプロセス	話す(発表)ために必要な過程の自覚
	②	かっこいいスピーチをしよう	スピーチを実際に行う時の留意点
	③	大事なことを押さえて聞こう	スピーチを聞く時に押さえるべき大事なこと
	④	もっと聞いてみよう	スピーチやインタビューで聞く観点の複数化
	⑤	発表会をひらこう―形式・進行	発表会の趣旨と形式・進行の解説
第2ステージ	⑥	話すための原稿の書き方	スピーチ原稿の種類,原稿用紙,書き方のコツ
	⑦	プレゼンテーションの仕方	プレゼンテーションの考え方と方法
	⑧	司会力を高めよう―協議・討論のレベルアップ	グループやクラスでの司会力―協議と討論の区別
	⑨	メモを使って聞き取ろう	スピーチを聞く時のメモの取り方
	⑩	インタビューをしよう	インタビューを進める時のプロセスに沿ったコツ
	⑪	いろいろな司会にチャレンジしてみよう―司会・議長・パネリスト等の種類	司会者の種類と役割(司会,議長,パネリスト等)
第3ステージ	⑫	プレゼンテーションをかっこよくしよう	プレゼンテーションの準備や発表のブラッシュアップ
	⑬	困った時の話し合いの進め方―司会力	司会者として困った時の話し合いの進め方
	⑭	パネルディスカッションの仕方	パネルディスカッションの趣旨と進め方
	⑮	ポスターセッションの仕方	ポスターセッションの趣旨と進め方
	⑯	インタビューをいかそう―インタビューの引用	インタビューしたことを引用するときの方法
第3章:「書くこと」の能力を高める！ 教室掲示ポスター&言語能力アップシート(12枚)			
第1ステージ	①	書くことのプロセスを知ろう	書くことのプロセスの解説とコツ
	②	説明文を書いてみよう	説明文の種類と書き方のコツ
	③	観察記録文はこんなふうにまとめよう	観察記録文の構成や記述の方法
	④	経験したことをまとめておこう	経験報告文の書き方の事例とコツ
第2ステージ	⑤	案内状は分かりやすく書こう	案内状の形式と分かりやすい書き方
	⑥	学級新聞を編集しよう	学級新聞の趣旨と編集方法
	⑦	調査報告文は事実に基づいて書こう	事実に基づいて調査報告文を書く方法
	⑧	資料を使った説明文の書き方―図表・グラフ・ポスター	図表・グラフ,ポスター等を使った説明文の書き方

第3ステージ	⑨	自分の考えを自分の言葉で表現しよう	自分が本当に考えたことを書く表現方法
	⑩	説得力のある意見文の書き方	説得力のある意見文の事例と書き方
	⑪	パンフレットやリーフレットの作り方	パンフレットやリーフレットの種類と作り方
	⑫	説明の言葉―記述力	説明の語彙を増やし記述力を高める方法
第4章:「読むこと」の能力を高める！ 教室掲示ポスター＆言語能力アップシート（12枚）			
第1ステージ	①	文章や本を読んでいこう―読むことのプロセス	文章を読むことのプロセスの自覚化
	②	いろいろな本を読もう―形式の種類	いろいろな本の形式や種類
	③	本をもっと活用しよう―表紙・題名・目次・索引・凡例の読み方	本の部分の名称，目次，索引等本そのものの知識
	④	読書感想文を書こう―構成・感想語彙	読書感想文のプロセスとそれぞれに大事なコツ
第2ステージ	⑤	ポイントを押さえて要約しよう	物語，説明文の要約のポイント
	⑥	目的を考えて引用しよう―目的・形式・表現	目的を考えて引用しよう
	⑦	いろいろな本にチャレンジしよう―シリーズ・ジャンル・物語文と科学読み物の特徴	いろいろな本の知識と選書の促進
	⑧	新聞の読み方	メディアとして編集された新聞記事の構成や読み方
第3ステージ	⑨	要旨をまとめて活用しよう	要旨の必要性と書くためのプロセスのポイント
	⑩	図表を読む時は注意しよう	表・グラフ等の図表を読む時のコツ
	⑪	いろいろな読み方にチャレンジ―速読・多読・摘読をしよう	目的に応じて速読・多読・摘読する多様な方法
	⑫	読むことの達人になろう―リーディングストラテジー（予想して読む・関係付けて読む・疑問をもって読む等）	リーディングストラテジーを活用した読解方法

教室掲示ポスター&言語能力アップシートで子どものやる気を高めよう！　序　章

3．言語能力アップシートにも使える教室掲示ポスターの活用法

　各シートは，見開き2頁構成です。左頁には，①ポスター&シートの趣旨，②ビジュアル化したポイントの解説，③授業での活用アイデアを示し，右頁にはシートを示しました。今後，読者の方が本書を参考にしてポイントシートを作成されることを想定して，どのように執筆者が作成したのか，モデル的に2頁構成を示しておきましょう。なお，作成時には，本書での執筆者が引用しているように，筆者既刊の著作を参考にしてください。

【左頁：解説文】　　　　　　　　　　　【右頁：実際例】

タイトル　　　　　　　　　　　　　　　ステージ
教室掲示ポスター&言語能力アップシートの　　（ポスター例）
　ねらい（定義，趣旨，目的，意義，機能等）　（参考文献）
内容と指導のポイント
　ポイントの解説，留意点，学年の相違等
授業での活用アイデア
　（使用法―単元・授業での可能性，実際の
　使い方，学習活動の種類等を紹介する）

ポイントシート作成のコツ

ポイントシートを実際に作成する時の留意点を解説しておきましょう。

① タイトル：タイトルは、「〜しよう」と誘いかける形式が分かりやすいです。内容を端的に示す「〜の作り方」「〜の書き方」といったものも可能でしょう。ねらいや留意点、強調点を表す「〜を高めて」「分かりやすい〜を書こう」といった表現もあります。

② リード文：タイトルを受けて、リードで説明するのが重要です。ポスターでは、ポイントだけ書いたものも広く使用されていますが、掲示のみならず配布の可能性を考えると、リード文で解説することは欠かせないでしょう。リード文には、定義、目的、機能、必要性、意義等を説明します。(説明は、カットの中にレイアウトし、児童の興味が湧くように工夫してください)

③ レイアウトは、縦書き、横書きを混合したり、段組したりしてください。フォントの大小、種類も多様にすることも大切です。図、表、グラフ、写真、吹き出し、キャラクター等も多用してください。もちろん、シンプルにポイントだけをフローチャートやベン図のようなもので図解してもかまいません。

④ 学年別で、当該学年や教室の実態に応じて作成することも可能です。本書のように、ステージ別で構成し、指導の実態に応じて掲示、配布するのもよいでしょう。第1ステージのものが学年が上がると高次化する場合には、それらに準じて作成してください。

⑤ 指導者を必要としない内容になるように、ポイントの中にも、目的、意義、使用法、事例、解説等を含めてください。

⑥ デザイン形式のヒントとしては、次のようなものがあります。

○ 順序に従って構成する。
○ 全体のイメージを決めてそこにポイントを入れる。
○ キャラクターの対話に従って展開する。
○ ツリー図、ベン図、バブルチャート等のシンキングチャートを活用する。
○ 重要なポイントを列挙する。
○ 問題を問いかけ、解答を示す。

⑦ 掲示には、教室の中、廊下、視聴覚室、ICTルーム等に貼付します。できる限り児童が見やすく、実際の学習を行う時に参考にしながら活用できるようにしてください。

⑧ 配布には、その単元でしか使用しないものは、単元ごとのファイルやノートに貼り付けるようにします。一方、国語科だけでなく各教科等も含めて使用する汎用的な内容は、クリア

ーファイル等を活用し，常備するようにしてください。今回のポイントシートは，常備するものの中にファイリングさせてください。

アクティブ・ラーニングを具体化する取り組みが本格的に始まります。序論の終わりに，再び重要なことを，教師と学習者の両面から2点書いておきましょう。

① アクティブ・ラーニングは，教師にとっては，実態に応じた児童・生徒の主体的な学習活動をサポートすることが優先されなければなりません。したがって，教科書教材に加え，必要が生じれば教材開発が欠かせません。しかも，それは，1つの単元・授業で学んだことが次に生きていくような「汎用的内容を開発し続ける」ことでないといけません。

② アクティブ・ラーニングは，与えられた学習方法を活用するだけでなく，新しい課題や状況に応じて，学習者自らが新たな学習方法を開発する能力を身に付けなければなりません。「学び続ける学習者が真のアクティブ・ラーナー」です。

本書が，アクティブ・ラーニングの児童・生徒向きの教材開発最初の著作として広く認められ，多くの人に未来の可能性を拓く参考書となることを願っています。

第1章 学ぶ力・思考力を高める！教室掲示ポスター&言語能力アップシート

1. 勉強の課題や計画の立て方

教室掲示ポスター&言語能力アップシートのねらい

　低学年のうちから，自らの課題意識をもち，課題を発見して，解決に向けて学習を進めていくことが大切です。そのために，課題をどのように設定するのか，課題を解決するためにはどのような活動をしていくかを児童が分かるようにしていきます。

　そのことで，学年，学期，単元でどのような学習をしていくのかを見通し，児童自身がそのことを意識することができるようになります。

内容と指導のポイント

●課題を立てる時には，常に「自分は何が分かったか・できるようになったか」「これから何を学びたいか・学ばなければならないか」を明確にしなくてはいけません。また，強い動機付けや興味付けも必要になってきます。そのためには，児童にいろいろな経験や体験の機会を設定して，「自分たちもやってみたい」「次はもっとこんなふうにしてみたい」と意欲をもてるようにします。

●この学習の最後には何ができるようになっているのかゴールを明確にして，何をしていけばゴールできるのか，見通しをもつことができるようにする必要があります。

●課題としては，次のようなものが考えられます。
　・反復練習を必要とするスキル的なもの
　・課題発見，解決学習的なもの
　・領域に関わるもの（「話す・聞く」「書く」「読む」）
　・言語活動的なもの

授業での活用アイデア

　どの学習でも課題設定と計画を立てることから始まります。児童自身がファイルに入れておき，いつでも見ることができるようにします。大型掲示をして，常に全員で確認ができるようにします。

　新しい学習に入る時に，まず一人一人が，自分で今までの学習や経験を振り返って，課題を考えていきます。そのあとグループで話し合い，課題を共有していきます。低学年では，まず，国語科，生活科，体育科，学級活動等が取り組みやすいでしょう。

　家庭学習用として，各自が家でも取り組めるようにしておきます。

べんきょうのかだいやけいかくをたてよう

 かだい つぎのようなことからかんがえましょう。
・じぶんでやってみたいこと
・できるようになりたいこと
・やらなくては（できなくては）いけないこと

けいかく かだいをたっせいするために
・どんなじゅんばんで
・なにをするのか
・せいりする
ようにします。

かだいには、こんなことがあるよ。

○「おんどくはっぴょう会をひらこう」
○「とびばこめいじんになろう」
○「あさがおの花がさくひみつを見つけよう」
○「正しくきれいな字が書けるようになろう」

かだいは、こんなふうにつくっていこう。

 じぶんのやりたいことをかんがえよう。  グループでかんがえを出し合おう。  クラスでかだいをきめよう。

けいかくをたてよう。

どんなじゅんばんでなにをしていけばいいかな

 しらべる、つくる。かんがえる、れんしゅうする。

 はなしあって、かんがえをふかめる。まとめる。

 はっぴょうする。こうりゅうする。ふりかえる。

スタート
1. かだいをきめよう。
2. けいかくをたてよう。
3. 一人一人がしらべる。
4. グループではなしあう。
5. みんなでまとめる。
6. はっぴょうかいをしよう。

ゴール 7. ふりかえろう。

2．授業の進め方を学ぼう―パーソナル・グループ・クラスワーク

教室掲示ポスター＆言語能力アップシートのねらい

　児童主体の授業を展開するためには，単位時間の学習を自主的に進められるようにしなければなりません。そのために1時間の学習をどのように進めていけばよいのかを示したポスター＆アップシートです。

内容と指導のポイント

・〈導入〉〈展開〉〈総括〉の3つの過程に分かれています。
・個人，グループ，クラス全体の学習形態を設定しています。
・学習の最後に，振り返りを設定し「評価」を行います。

●はじめに，単位時間の前提となる知識・技能及び学習過程を〈導入〉でメタ認知し，単元のはじめに立てた学習計画をもとに，学習課題や学習方法を確認します。
●次に，〈展開〉でパーソナルワーク（1人），グループワーク（2人，グループ），クラスワーク（みんな）を行い，児童が主体となって課題を解決します。パーソナルワークの時間では，必ず自分の考えを一人一人がもつことが大切です。そして，その考えを記録しておきます。ただし，学習の内容によってパーソナルワークからクラスワークに飛んだり，パーソナルワークだけの時間もあるかもしれません。また，クラスワークのあと，もう一度パーソナルワークに戻る時間もあります。
●最後に〈総括〉でまとめと振り返りを行います。振り返りでは，自己評価，相互評価等を行い，課題から解決までを振り返り，記述します。

授業での活用アイデア

　このポスター＆アップシートはすべての授業で活用できます。1年のはじめに児童に提示し，1時間の学習の見通しがもてるようにします。

　④の過程で学習の進め方を確認する時，①から⑨の内容をバラバラにカードにしておき，黒板の左端に貼りながら，それぞれの過程で使う時間を書いていくとよいでしょう。

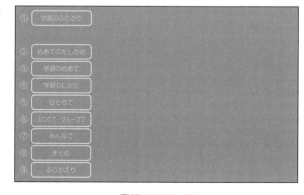

黒板のイメージ

ぼく・わたしが主役！授業のすすめかた

① 学習のふりかえり

② ぜんたいのめあてのたしかめ

③ 今日の学習のめあて

④ 学習のしかたのたしかめ

今まで学習したことを
もとにして、みんなで
今日の授業の進め方を
確かめます。

⑤ ひとりで

⑥ ふたりで・グループで

⑦ みんなで

⑧ まとめ

⑨ ふりかえり

3．グループに分かれて勉強しよう―グループの役割分担

教室掲示ポスター＆言語能力アップシートのねらい

　グループ学習をする際の「役割の指導」に使います。一人一人が責任をもって協働学習に参加できるように役割を明確にします。

内容と指導のポイント

- 4人一組を基本としますが，3人の時には報告者がタイムキーパーを兼ねたり，5人の時には副司会者や報告者として役割を分担させます。慣れないうちは，司会者が使う言葉を掲示したり，カード化したりしてどのように進めるか（協議なのか討論なのか）示していきましょう。
- 司会者・記録者・報告者・タイムキーパーの4つの役割を分担します。
  - 司会者：話し合いの目的を明確にして進行する。
  - 記録者：キーワードを聞き取り，発言を整理しながら理由や根拠，結論等を記録する。
  - 報告者：グループでの協議の結果や討論の内容などを報告する。
  - タイムキーパー：時間配分を考え，調整しながら時間を有効に使う。
- これら四つの役割は固定化せず，どれも経験させながら身に付けることができるようにします。
- 高学年では，パーソナルワークにおける個の考えを大事にしながら，集約するだけではなく，より高次な結論を生み出すグループとしての「チーム」力を付けていきます。そのためにも，低学年の時からパーソナルワーク（1人で）・グループワーク（グループで）・クラスワーク（みんなで）を意識して1単位時間の学習を組み立て，一人一人が活躍できるようにしていきましょう。

授業での活用アイデア

　低学年では右頁のようになりますが，高学年では次のように役割を掲示しましょう。

4人グループでの役割（高学年）	司会者 ◆協議か討論かをはっきりさせて，話し合いのリーダーシップをとりながら進める。	記録者 ◆一人一人の考えをもとに話し合って決まったことや，話し合いの経過，理由，結果などを記録する。
	タイムキーパー ◆目的に応じた話し合いをうまく進めるために決められた時間を有効に使うよう指示する。	報告者 ◆記録したものをもとに，どのような話し合いが行われ，決まったことは何か，みんなの前で報告する。

グループにわかれてべんきょうしよう

- グループでべんきょうするときは、どうしたらいいのかな。
- へえ。たのしそう。
- ひとりひとりがやくわりをうけもって、いっしょにかんがえていくんだよ。

4人グループでのやくわり

しかいしゃ
- はなしあいのめあてをたしかめる。
- リーダーとして4人のいけんをまとめる。

きろくしゃ
- でたいけんをよくきいてせいりする。
- だいじなことをまとめる。

タイムキーパー
- のこりじかんを見ながらおしえる。
- じかんないにおわるようにする。

ほうこくしゃ
- はなしあいにでてきたことやきまったことをまえではっぴょうする。

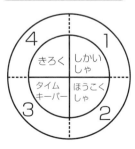
きょうのやくわり（1 しかいしゃ／2 ほうこくしゃ／3 タイムキーパー／4 きろく）

じゅんばんでやくわりをこうたいするんだよ。

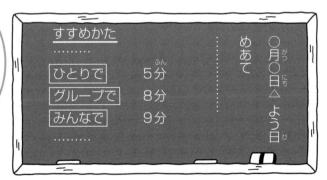

めあて　○月○日△よう日

すすめかた
- ひとりで　5分
- グループで　8分
- みんなで　9分

（参考文献：井上一郎「アクティブラーニング時代における国語教育の基礎・基本」『国語教育』No.801）

4．授業は自分たちで進めよう―協議と討論進行表

教室掲示ポスター&言語能力アップシートのねらい

　児童がアクティブに学習を進めていくために，自分たちで授業の進行にチャレンジするためのアップシートです。中心となって進める司会団の役割や，授業の進め方を示しています。1時間の学習（パーソナルワーク，グループワーク，クラスワークなど）をどのように進行していくとよいかを学び，授業の中でいかせるようにすることがねらいです。

内容と指導のポイント

- 進行表を見て，司会団の役割や1時間の学習の進め方を確かめます。

　　司会団は司会者，副司会者（1～2名），時間管理係（タイムキーパー），合計3～4名で編成します。司会は，話し合いがスムーズに進むように進行し，副司会が補佐します。副司会は，板書記録も行います。時間管理係は，目的に照らして時間内にまとまるように配慮していきます。

- 話し合いの目的によって，協議と討論の進め方に違いがあることを学びます。

　　話し合いは，目的に合わせて，協議（意見を1つにまとめる）か討論（たくさんの意見を出し合ってまとめる）のか意識して進めることが大切です。

授業での活用アイデア

　新年度のはじめに，アップシートを使って，司会団の役割や学習の進め方をつかみます。手元に持つようにしたり，拡大掲示をしたりし，確かめながら進めることができるようにします。司会をする力は，どの児童も身に付ける必要があるので，司会団は固定しないで全員が担当するように工夫しなければいけません。課題や教科の学習内容，興味・関心等によって司会団を編成します。

　このアップシートは，大まかな流れを示していますので，児童の実態に合わせて，また，ステージが上がるごとに，意見の出し方やまとめ方を増やしていくとよいです。

じゅぎょうはじぶんたちですすめよう

「しかい」や「ふくしかい」になって、すすめかたをみながら、じゅぎょうをすすめてみましょう。

 じゅぎょうをすすめよう

1	ふりかえり	しかい	☆これから、〜じかんめの○○のがくしゅうをはじめます。 ☆きょうのしかいは〜、ふくしかいは〜、じかんがかりは〜です。よろしくおねがいします。 ☆まえのじかんは、○○をがくしゅうしましたね。（がくしゅうけいかくひょうをみながら）
2	ぜんたいのめあてのたしかめ	しかい	☆こくばんをみてください。 ☆このじゅぎょうでは、○○をめあてにがくしゅうしています。 ☆きのうまでは、○○をしてきました。
3	きょうのめあて	ふくしかい	☆きょうのめあては、〜です。（がくしゅうけいかくひょうをみながら） ☆きょうのめあてをみんなでよみましょう。 ☆きょうのがくしゅうについて、せんせいにせつめいしてもらいます。 　せんせい、おねがいします。（せんせいからせつめいをきく。）
		せんせい	☆わかりましたか。たしかめたいことはありませんか。
4	まなびかた	じかんがかり	☆きょうは、はじめに〜を○ふん、つぎに〜を○ふん、さいごに〜を○ふんでします。 （「ひとりまなび」⇒「グループばなび」⇒「みんなで」のじゅんばんにすすめる。）
5	ひとりまなび	じかんがかり	☆それでは、ひとりで〜をします。 ☆じかんは○ふんです。はじめましょう。 ☆じかんがきたので、おわりましょう。
6	グループまなび	しかい	☆つぎに、グループで〜をします。 【ひとつにまとめるとき】 ☆かんがえをだしあって、ひとつにまとめて、ほうこくしてください。 【いろいろなかんがえをだすとき】 ☆いろいろなかんがえをだしあい、まとめて、ほうこくしてください。
		じかんがかり	☆じかんは○ふんです。はじめましょう。おわりましょう。
7	みんなで	しかい	☆それでは、グループでまとめたものをだしあって、みんなでまとめます。 ☆こくばんにかんがえをはってください。
		ふくしかい （ばんしょ）	☆みんなのかんがえがでました。これらをみて、せいりします。 ☆せいりしたことをもとに、はなしあって、かんがえをふかめましょう。 〜〜〜〜〜〜〜〜〜〜〜〜〜〜〜〜〜〜〜〜〜〜〜〜〜〜〜〜〜〜〜〜〜〜〜
		じかんがかり	☆のこりのじかんは○ふんです。
		しかい	☆いろいろなかんがえをだしあったら、○○のかんがえにまとまってきました。 ☆つけくわえやほかのかんがえはありませんか。 （ひつようなときは、もういちど、グループではなしあう。）
8	まとめ	しかい	☆はなしあいをせいりすると、〜というかんがえになりました。 （こくばんをみて）これでまとめにします。
		ふくしかい	☆わかったことは〜です。きまったことは〜です。 これでいいですか。
		せんせい	☆きょうのがくしゅうについて、せんせい、まとめをおねがいします。（せんせいのまとめをきく）
9	ふりかえり	ふくしかい しかい	☆きょうのふりかえりをします。なにをかくかをえらんでかきましょう。 ☆つぎのじかんは、〜をします。これで、○○のがくしゅうをおわります。

（参考文献：井上一郎著『話す力・聞く力の基礎・基本』明治図書，2008年）

5．調べてみよう―五感をいかした観察の仕方

教室掲示ポスター＆言語能力アップシートのねらい

　見たこと（観察したこと）をカードに記録したり文章に書いたりという活動は，国語科だけではなく，生活科や理科，総合的な学習の時間など各教科等で取り組んでいます。まずは，何を見るのか，どのように見るのか（繰り返し見る，変化を見る等），詳しく見て，正しく記録するにはどのように記述していくのかというプロセスを大切にして，児童が自分で進めていけるようにします。

　そのために，観察の目的やその期間を明確にし，書こうとする題材に必要な事柄について観点に沿って取材をする力を付けます。その際，主体的に観点を捉えることができるよう，「HATチャート」を用いて，見る観点を捉えたり方法を考えたりします。細やかに正確に記録し続ける力や観察語彙や教科語彙との関連を図り，関心を高めていきます。

内容と指導のポイント

- 「見る」という観察をする場面は，各教科等にあります。まず，何を見るのか，次にどのようにして見るのか，それは１回だけではなく，必ず繰り返されるものであり，変化を見ていくものであることを捉えさせます。
- 観察カードには，色や形，大きさなど観察の観点をもとに「記録する部分」と，そこから「気付いたことを文に書く部分」は分けて児童に書かせていくようにします。
- 細やかに見て正しく記録するには，遠くから見る・近付いて見る，上から見る・下から見る，１点について時間を変えて見るなど，どのようにして見るかを考えさせていくようにします。

授業での活用アイデア

　生活科等で児童が栽培したり飼育したりしている生き物，継続的に触れ合っている対象を選んで，生活カードから観察記録文に書き換えたり，観察記録文をもとに大切な人への手紙にしたり，他教科等との関連を図るようにします。

　取材力を付けるためには，例えば，絵本等を使って，雨の音や蛇口から出る水の音も聞こえ方（擬声語・擬音語）は様々であること等，ぴったり合う言葉を選んでいく学習など，児童の言語感覚を研ぎ澄ませていくようにします。

かんさつして、しらべるってどんなこと？

「見る」って、はじめに何を見るの？

ふっとう　　ごみ収集　　形・図形　　ゴール

つぎに、どのようにして見るの？

そうか！　くりかえして見るんだ、変化を見るんだ。

"かんさつ名人" になるために、くわしく見て記録するには

近づいて　よく見よう。
・大きさは？　・形は？
・色は？　　・数は？
・長さは？

いろいろな　ほうこうから見よう。
・上から　・下から
・よこから　・うらがわから

正しく記録できるといいね！

大きさ（長さ）を表す言葉
○○センチメートルぐらい
〜よりも大きい（長い）
〜よりも小さい（短い）
〜ぐらいの大きさ（長さ）

色を表す言葉
○○色です。
〜の色に似ています。
〜よりも濃い〜色です。

形を表す言葉
三角（四角）、丸、
とがった、細い、長い
太い、薄い（先が〜全体が〜）
〜に似た形をしている。

6．図書館へ行こう―NDC分類の仕方

教室掲示ポスター&言語能力アップシートのねらい

　国語科はもとより各教科等での学習において，図書館を利用し本を活用していくことが求められています。図書館がどんなところか理解し，読みたい本や必要な本を自分で探せるようにしていくことが必要です。

　そこで，図書館に興味をもたせ，基本的な知識を与えたり，行きたい気持ちにさせたりするためにポスターを掲示し，活用していきます。

　特に本ポスターでは，低学年のうちから，「図書館は，いろいろなことが分かるところ」という認識をもたせ，自分の教室と同じように親しみをもち，図書の時間以外にも自分で足を運べるようにしていくことをねらいとしています。

内容と指導のポイント

- ●図書館とはどんなところか，どのようにして本を探せばよいかを示します。
- ●「何かを調べる」機能が図書館にあることが分かるようにします。
- ●NDC分類番号についても理解させ，公立図書館の利用も促します。
- ●さらに，特設コーナーの説明を盛り込む，司書の名称を具体的に入れる，図書館のマスコットキャラクターを登場させるなど，各学校の実態に合わせた内容にしていきます。

授業での活用アイデア

〇国語科「本のおうちをさがそう」低学年
①　ブックトークで使った本が，迷子になったという設定で，本のお家探しをします。
②　班ごとにお家探しをする中で気付いたことを発表します。
③　ポスターを見ながら，学校図書館の配架や分類の特徴についてまとめます。
④　分類番号に関するクイズを解きます。

〇国語科と社会科を関連させて「市の図書館に行こう」3年
①　図書館は何をするところか話し合い，地域の図書館に行く計画を立てます。
②　地域の図書館を見学します。
③　地域の図書館の活用の仕方を話し合います。

※導入かまとめの段階で，ポスターを提示します。児童自身が，ポスターを作る活動も計画できます。

としょかんへいこう

としょかんへいくと　たくさんのことが　わかるよ。

○よみたい本(ほん)を　さがすところ
○しりたいことを　しらべるところ

としょかんは
どんな
ところかな？

○本のなまえをみて　さがそう。
○もくじやさくいんをみて　さがそう。
○パソコンのけんさくで　さがそう。
○としょかんの人(ひと)に　きいてみよう。

どうやって
本を
さがすのかな？

○としょかんの本は，きめられたばんごうじゅんにならんでいるよ。

どんな
じゅんばんに
ならんでいるのかな？

＜ばんこうと本のしゅるい＞
(NDC) エヌディーシー
００　そうき（じてん）
１０　てつがく
　　　（かんがえかた）
２０　れきし
３０　しゃかい
４０　しぜん
５０　こうぎょう
６０　さんぎょう
７０　げいじゅつ
８０　ことば
９０　ぶんがく

7. ノートの上手な使い方

教室掲示ポスター&言語能力アップシートのねらい

縦書き（国語科）と横書き（社会科・算数科・理科等）のノートの使い方を学ぶためのポスター&アップシートです。

内容と指導のポイント

●ノートを使うのは，考える力を育てるためです。そのために，自分の考えたことや友達と学び気付いたことを書くように指導しましょう。ノートには，次のことを必ず書きます。

> ・学習した日付，学習のめあて
> ・学習して見つけたこと
> ・自分の考えや学習して気付いたこと

●縦書きの国語科のノートは，Aに見出しや日付，文章を読む視点や文章を書く視点を書きます。例えば，場面，文章構成，登場人物等です。Bには，みんなで学んだことや教えてもらったこと（例：物語の登場人物の行動・心情，説明文の要点）等を書きます。Cには，学習して自分が気付いたことを書きます。

●社会科，算数科，理科等横書き用のノートでも，区切って使用します。Aは同様です。Bには，自分で調べたこと，分かったこと，考えた式・答え・計算の仕方，図形等を書きます。Cには，考えを交流し，友達の考えを書きます。また，友達の考えを聞いて気付いたこと等の中で特に覚えておきたいことや考えたこと，大事だと思ったことを書きます。

●1時間の学習の振り返りも必ず書くようにします。学んで分かったこと，これからも使いたいこと，できるようになったこと，友達の考えで自分の考えが深まったこと等を書いて，次時の学習につなげるようにしましょう。

授業での活用アイデア

各教科でノートに書き始める学習で使用します。授業に慣れた頃にも，使いこなしているかをチェックする時にも活用するとよいでしょう。

ノートの じょうずな つかいかた

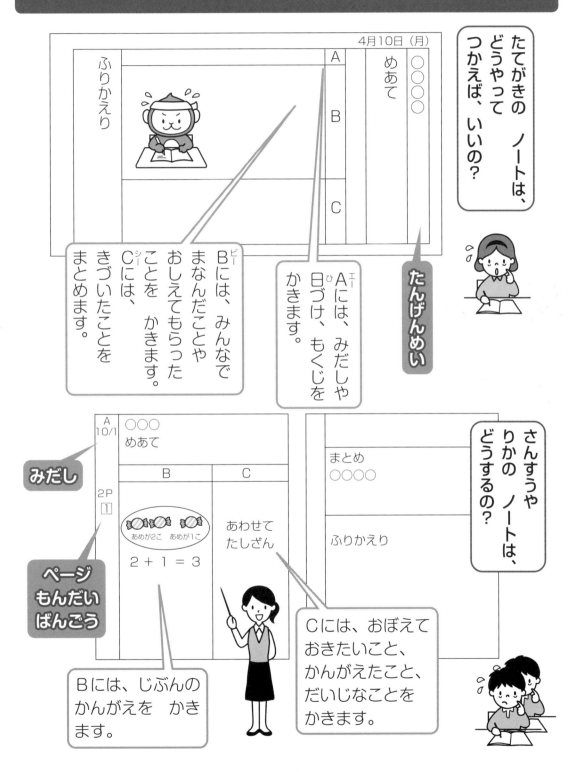

8．考えて！考えて！①多面的に考えよう
―分けて考えよう・いろいろ比べてみよう・順序付けよう・クエッションチャートを使おう

教室掲示ポスター＆言語能力アップシートのねらい

　自分の知識や収集した情報などを整理して考えるためのシンキングチャートのポスター＆アップシートです。一人で考える時やグループで知識や考えを整理する時に使用します。

内容と指導のポイント

- 考える目的に合わせて，シンキングチャートを選びます。そして，項目を決めて，考えを整理していきます。
- 「バブルチャート」は，自分の知っていることをもとに考えを広げる時に使います。中心に書かれていることから思いついたことを２段目に書き，考えを広げていきます。
- 「くまでチャート」は，数や観点に制限をかけて分けて考えるときに使います。
- 「表」は，情報を整理して考えるときに使います。項目ごとに比べて考えるときに有効です。共通点や相違点を比較し，考察していきます。
- 「フローチャート」は，順番，順序，手順，展開，関係，理由等を考え，表現します。
- 「クエッションチャート」は，インタビューや質問をするときに，話し手の答えを予想し，次の質問を考えるときなどに使います。

授業での活用アイデア

　「バブルチャート」は，国語科で物語や読書感想文を書くときのアイデアを出す時などに使います。社会科・理科等の教科で，ある事柄について，自分の知っていることを単元前と単元後で比べることによって，知識が増えていることに気付くことができます。「くまでチャート」は，学級活動で一人三つまで考えを出すなど，数の制限を設けて話し合う時に使います。また，生活科で，自然探検をした時に，見る，聞く，さわる等の観点を決めて，情報を整理することができます。

　「表」は，算数科で資料を整理して分かりやすく表す学習で用います。社会科や理科で複数の項目について調べたことをまとめる時にも使います。

　「フローチャート」は，国語科の出来事の順序を表す学習や理科で実験の計画や結果を整理する時などに使います。クエッションチャート」は，各教科のインタビュー活動で使います。

かんがえて！かんがえて！
シンキングチャートで　かんがえよう

かんがえるための　プリントを　つかうと　いいね。シンキングチャートと　いうよ。チャートは、ず、ひょう、グラフの　ことだよ。

わけてかんがえましょう。

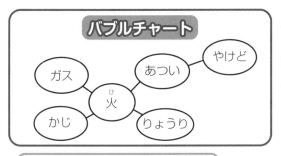

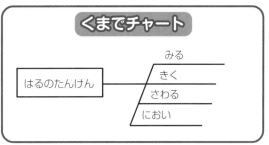

まん中に　かいたことから、思いつくことをわけて　かんがえていきます。

かずをきめて　かんがえるときに　つかいます。

いろいろくらべてみよう。

ひょう

じどうしゃ	しごと	つくり
バス		
トラック		

じゅんじょづけよう。

こう目を　きめて、せいりします。おなじところや　ちがうところをくらべましょう。

じゅんばんや　かんけいをあらわすときにつかいます。

クエッションチャートを　つかおう。

しつもんを　するときに、あい手の　こたえを　よそうして、つぎの　しつもんを　かんがえます。

9．いろいろな調べ方にチャレンジしよう
　　―体験と施設利用・インタビュー・アンケート・
　　本とインターネット

教室掲示ポスター＆言語能力アップシートのねらい

　このポスター＆アップシートは，調べ学習にはいろいろな調べ方があることを知り，場合に応じて使い分けることができるようにする力を定着させるためのものです。ここでは児童が行いやすい「体けん」「インタビュー」「アンケート」「本・インターネット」の四つの調べ方をアイコン（絵）で同列に示すことで，何かを調べる時には多様な選択肢があることを印象付けます。

内容と指導のポイント

● 「自分でやってみる」～直接体験・施設の見学～
　調べ学習というと本やインターネットを利用しがちですが，直接体験に勝る学習はありません。まずは身近な場所に出かけて体験できないかと考える習慣を身に付けさせたいものです。

● 「人にたずねる」～インタビューとアンケート（質問紙）～
　インタビューをする際には，質問の項目をしぼっておくことやメモの取り方だけではなく，相手の話す内容に応じて臨機応変に対応することやマナーの大切さも教えておきましょう。アンケートは何のためにするのかに応じて，自由記述か選択肢のどちらで回答してもらうかを考えさせます。

● 「読んで見つける」～本やインターネットの利用～
　調べた内容をただ丸写しするだけにならないように，きちんと理解したものをメモするように指導します。この際，情報教育の観点からも，引用のルールを教えておくことも重要です。

授業での活用アイデア

　本で調べたり，インタビューしたりする活動は，2年生までの国語科の学習で行ってきているはずです。アンケート（質問紙）やインターネットに関しては，取り立てて指導しておく必要があるでしょう。最初のうちは「今回はインターネット」などと調べ方を指定している段階を経てから，児童に選択させる単元を構成していくと効果的です。理科や社会科，総合的な学習の時間が始まる3年生から，いろいろな教科学習の中で繰り返すことで，汎用的な能力として身に付くものと考えられます。

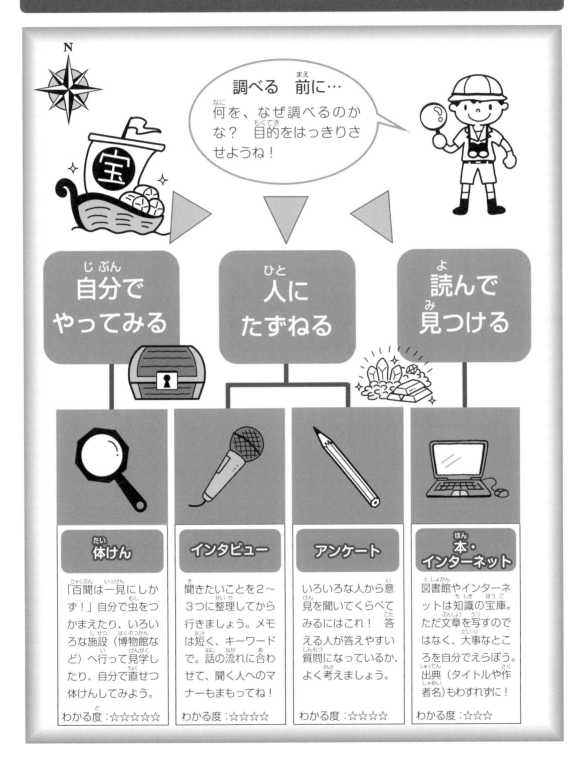

10. 辞典を使おう

教室掲示ポスター&言語能力アップシートのねらい

　分からないことや知りたいことを自分で調べる力を身に付けることは，児童が生きていく上でとても大切なことです。言葉に関することを調べる時は「辞典」を，事柄に関することを調べる時は「事典」を使います。ここでは，いろいろな辞典や事典があることを知り，興味をもたせることをねらいとしました。また，国語辞典や漢字辞典の使い方を学ぶこともできるようにしました。

内容と指導のポイント

- 辞典に興味をもたせるために，児童が使いそうな辞典の名前をたくさん載せました。上段には言葉に関する「辞典」を，下段には事柄に関する「事典」を挙げています。他にもいろいろな辞典や事典があるので，図書館などで探してみるのもよいでしょう。
- 児童が一番活用すると考えられる，国語辞典と漢字辞典の使い方を載せました。国語辞典で速く調べるには，見出し語の並び方を知っておくことが大切です。また，漢字辞典で速く調べるには，「音訓引き」「部首引き」「総画引き」の3種類の引き方をマスターし，その中から自分に合った引き方を選択できるようにしておくことが大切です。
- 探偵のキャラクターが，児童に知識を与えてくれます。辞典の目次や索引を見れば調べたいことが載っているかどうかが分かることや，辞典や事典の他にも図鑑など調べる本があることを教えてくれています。

授業での活用アイデア

　3年生で「国語辞典の使い方」について学習する時や，4年生で「漢字辞典の使い方」について学習する時のポスター&アップシートとして活用することができます。また，国語の学習でことわざや四字熟語などの学習をした時や，総合的な学習の時間の調べ学習をする時の，調べる本の参考の資料として活用することも考えられます。図書室などに掲示しておくのもよいでしょう。

辞典を使おう

わからないことや知りたいことがある時、辞典を使うと調べることができます。どんな辞典があるのか見てみましょう。

- 国語辞典
- 漢字辞典
- 漢和辞典
- 慣用句辞典
- 四字熟語辞典
- ことわざ辞典 など

調べたいことがのっているかは、目次やさくいんを見ると分かります。

- 百科事典
- 人名事典
- 歴史人物事典
- ことば事典
- できごと事典
- 折り紙事典 など

事がらを調べるときは、事典が役に立ちます。他にも、図鑑など、調べる本はたくさんありますよ。

国語辞典と漢字辞典の使い方も見てみましょう。

【国語辞典の使い方】
☆見出し語のならび方
・50音順
・清音→濁音→半濁音
　（例）はん→ばん→ぱん
☆言葉の形を言い切りの形にする。
　（例）走りました→走る

【漢字辞典の使い方】
①音訓引き
　漢字の音か訓の読み方がわかっている時、「音訓さくいん」からさがす。
②部首引き
　部首を手がかりにして、「部首さくいん」からさがす。
③総画引き
　漢字の読み方も部首もわからない時は、「総画さくいん」からさがす。
※②③は、画数の少ない順にならんでいる。

11. いろいろな資料を使おう

教室掲示ポスター＆言語能力アップシートのねらい

　意見文や提案書を書いたり，新聞を作ったりする時に，自分の思いや考えがうまく伝わるように資料を活用します。資料の種類やその活用方法を示したポスター＆アップシートです。

内容と指導のポイント

- 児童がよく使うと思われる資料を17種類載せています。これらの中には，資料そのものと，違ったメディアによって得る資料とを含めています。調べている内容について大まかな内容を知りたいなら百科事典，色や形が知りたいなら図鑑など，本を探す時は，目的に応じて探せるようにします。
- ほとんどの資料は学校図書館や地域の図書館にありますが，美術品や歴史的なものなどの実物は博物館や美術館にあるということをこのポスター＆アップシートから知ることができます。
- 資料を使う時の注意点を四つ載せています。資料を使う時には，引用するだけではなく，あとから読み返した時に何の資料を使ったか分かるように出典を記録しておくことや，自分の言葉で短くまとめることなど，資料を使う時に気を付けなければいけないことがあることを意識して使うようにします。引用の仕方や，出典の記録など，著作権について意識することも大切です。また，1つだけの資料だけを使うのではなく，複数の資料を読み比べ，数値などが正しいかを確認したり，読んで分からなかった事柄を辞書や百科事典を使って調べたりするなど，いくつかの資料を関連させる力も育てていきます。

授業での活用アイデア

① どんな資料があるか，ポスターを見ながら確認します。
② 自分が知りたいことやものについて，知ることができそうな資料を選びます。
③ 実際に図書館や博物館などへ行き，資料を集めます。
④ 資料をもとに，くまの横の看板の注意事項を確認し，新聞などを作ります。

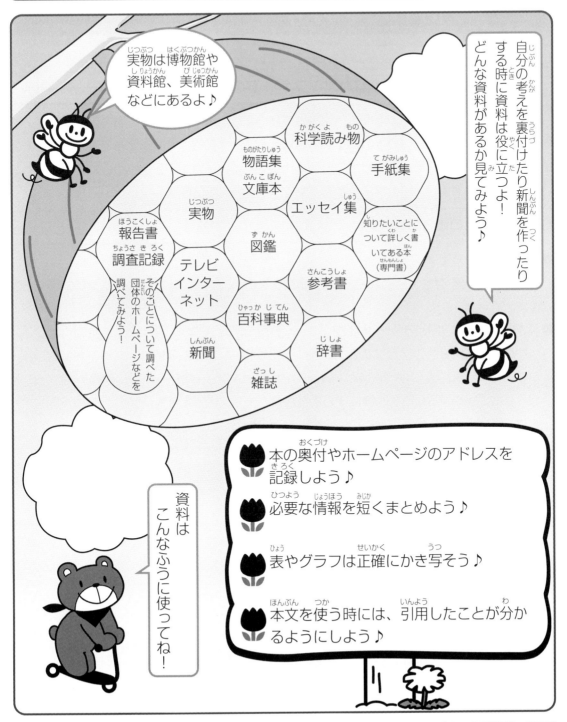

12. 考えて！考えて！②多面的に考えよう
―KWLチャート・PMIチャート・対比チャート・バブルチャートを使おう

教室掲示ポスター&言語能力アップシートのねらい

　シンキングチャートという考えるための道具があることを学習者に伝えることがこのポスター&アップシートのねらいです。いろいろな考える方法がある中で，考えることのプロセスを踏まえる，正負で考える，二つ以上の事柄を比べて考える，アイデアをふくらませたりアイデアをまとめたりする，という日常や学習活動でよく使う4点に厳選しました。

内容と指導のポイント

●チャートを自分で選ぶ。
　自分が何を学びたいか，目的をもって学習することはアクティブ・ラーニングの要になります。

●KWLチャート，PMIチャートなど
　KWLチャートは，学習前の自分は学びたい対象について何を知っているか（What I Know），何を知りたいか（What I Want to Find Out），をチャートに書き込むことによって学習課題や学習目的を明確にすることができます。学習の導入には欠かせない要素です。また，単元の終末，何を学んだか（What I Learned）を自分ではっきりと記述することにより学んだことを確かめたり新たな課題を確認したりすることができます。アクティブ・ラーニングの重要な要素を支えることができるワークの一つです。この掲示物を目にすることにより学習者は学習プロセスの始まりと終末を意識することができます。
　PMIチャートは，物事を多面的に見る能力を身に付けることに役立ちます。物事をプラス面とマイナス面から見る力，プラス面マイナス面以外のことにも興味をもって見る力を養います。上の二つを含む4種類のシンキング・チャートを取り上げています。

授業での活用アイデア

　KWLチャートは，どの教科，どの単元でも活用できます。学習単元の始まりに合わせて学習者がその単元に関する自分の知識を整理し，目的（学習課題・学習問題）をはっきりさせて学習に取り組むことができます。PMIチャートは，主に社会科や総合的な学習の時間での活用が考えられます。社会事象のよい面とよくない面など多面的に考える時に活用できます。

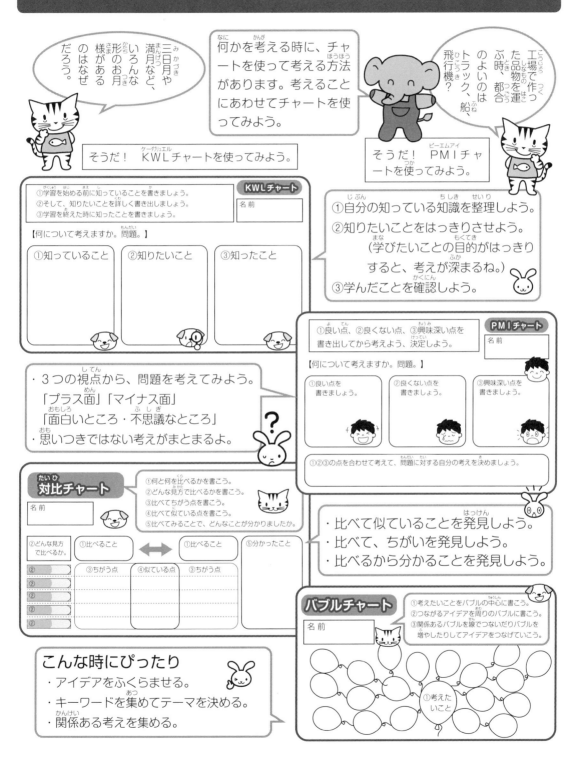

13. 考えて！考えて！③科学的に考えよう

教室掲示ポスター＆言語能力アップシートのねらい

　科学は生活する中でいつも触れているものなのだと気付かせ，物事や出来事を客観的に捉える視点を示すためのポスター＆アップシートです。ここでは科学は大きく「自然科学」「社会科学」「人文科学」の三つの分野に分けられることと，最も基本的な六つのコツを挙げています。

内容と指導のポイント

● 科学は，理科の分野だけで用いるものではなく，生活の中に常に存在するものであることに気付かせます。具体的には，「自然科学」は動物・植物・医療・物理・化学・宇宙・環境など，「社会科学」は，政治・経済・法律・ルール・街づくり・家族のあり方・人間の行動など，「人文科学」は，歴史・哲学・思想・文学・語学などが挙げられます。

● 「六つのコツ」には具体的に自分自身にどのように問いかけていけば「科学的に考える」ことができるのかを例示しています。①では，疑問に思うこと，②では，批判的思考力の必要性を挙げました。③④では，比較・分類・統合・順序立て・因果関係など情報の整理をすることを紹介しています。⑤では，疑問に思ったことや本当にそうかなと考えたことの解決案を，調べたり実験したりすることで明確にすること，⑥では調べたり，実験したりする中でポイントとなる部分への着目の仕方を示しています。

● 慣れてくると六つのコツ以上のスキルが必要になります。そのような時に下段の六つのコツを補足してください。情報をもとに視点を変えて整理し直したり，条件を変えるとどうなるかを推測（調査）したりすることで，考え尽くす習慣を付けるのに役立ちます。

授業での活用アイデア

　理科の授業で実験や観察をする時には，仮説を立てたり，計画を立てたり，考察をしたりする場面で使えます。また，社会科では住んでいる町の調査をしたり，歴史上の事件や出来事を客観的に分析したりする時に役立ちます。他にも，家庭科で住まいや家族のあり方について学習する時，国語科で分析的に文章を読む時など，単元の授業計画に応じて，活用することができます。

　「科学的に考える」コツが身に付き自然にできるようになると，総合的な学習の時間や行事等の企画運営の場面，児童会活動や，学級での係活動，人間関係づくりにもいかすことができます。

学ぶ力・思考力を高める！　教室掲示ポスター＆言語能力アップシート　第1章

第2ステージ

考えて！考えて！科学的に考えよう

科学的に考えるって、理科だけではなくて、いつも使える考え方なのだ。すぐに始められる六つのコツをしょう介するよ。

自然科学　**社会科学**　**人文科学**

科学的に考える六つのコツ

① なぜだろう
なぜそうなるの？
なぜそう思ったの？

② ほんとうかな
信じられることかな？
ちがう考えができないかな？

③ にているところ、ちがうところを見つける
なかまにわけて名前をつける。
ちがう理由を考える。

④ つながりや関係を見つける
順番にならべてみる
原いんとけっか

⑤ どうしてそうなるのかをさがす
本で調べてみよう。
実けんしてみよう。

⑥ 変化したところを考える
変化の前と後
どう変化した？

レベルアップ：こんな考え方もできるようになるといいね。

| わかっていない答えをよそうする。 | いろいろな角度・方向から考える。 | 当てはめてみる。 | 条件を変えてみる。 | 数値の変化から考える。 | 時間や空間での変化を考える。 |

14. 振り返りをいかそう

教室掲示ポスター&言語能力アップシートのねらい

　学習する前と学習したあとの自分が「分かったこと」「できるようになったこと」「足りないこと」「やりたいこと」「やらねばならないこと」と，昨日の自分より今日の自分，今日の自分より明日の自分と意欲を高めるようにしていくことが大切です。KWLチャート（K = What I Know, W = What I Want to Find Out, L = What I Learned）の考え方を日々の授業の振り返りにいかしていきます。

　そのためには，これまでの経験や既習を想起しながら，単元の目標を設定し，自分の実態を捉え，目標達成に向けた課題を発見できるようにします。そして，学習計画を立てることによって，児童が学習への見通しをもち，主体的に解決に向かい進めていく学習のプロセスを大切にしていきます。そのために，自分の学びの足跡をメタ認知できるよう，学習計画表を掲示物にして可視化したり，振り返りでの教師の発問を具体的にしたりして工夫をしていきます。

内容と指導のポイント

- 単元の前，単元に入って，単元のあとあるいは，前時に見つけた課題，本時に取り組みたいこと（めあて），また，目標達成に向かう方法を確認し協働学習を経て，自分がどう変わったのか，日々の積み重ねを大切にします。この蓄積が自分への自信や自己肯定感の高まりにつながります。【自分づくり】
- PWCシート，ポイントシート，ワークシート，チェックシートの工夫を図り，次の学習へいかしていくようにします。

KWL Chart　自分づくり
KWLをはっきりさせ
目的のある協働学習に
What I **K**now　何を知っているの？
What I **W**ant to Find Out　何を知りたいの？
What I **L**earned　何を学んだの？

授業での活用アイデア

　児童が主体的に学習に向かえるように，1時間の問題解決のプロセスを明確にします。そして，自分の学びの足跡，学習前，学習後を可視的に振り返ることができるように工夫します。1時間のめあてを実現するために本時における具体の評価規準を一人一人に明確に捉えさせましょう。そして，よく分かったこと・よく分からなかったこと・できるようになったこと・できなかったこと・次にやりたいこと・やらねばならないこと・調べること・覚えておくこと・繰り返し練習すること・友達へ助言等，振り返りが，内容の確認に終わらないように指示言を具体的で明確な言葉にします。

ふり返りをいかそう

ふり返りをすると、何がいいの？

KWL（ケーダブリューエル）チャートをいかしたふり返りカード

学習前からできることは	今回の学習でできるようになりたいことは？	今回の学習でできるようになったことは？

これまでどんなことを学んだの？

次にやりたいことは？

こんな思いが生まれるよ！

きみの思いは、どれに入るかな？

- 分かったこと
- よく分からなかったこと
- できるようになったこと
- できなかったこと
- 決まったこと
- 引きつぐこと

- 今度、やりたいこと
- やらねばならないこと
- しらべたいこと
- きいてくること

- おぼえておくこと
- くりかえし練習すること
- 友だちへのアドバイス

今日の学習でできるようになったことや分かったこと

いつも100字ぐらいでふり返りを書こう。100字マス目の用紙を、机の中に入れておき、いろいろなところで使おう！

15. 明確なコメントを述べよう―考察・評価語彙

教室掲示ポスター＆言語能力アップシートのねらい

　コメントとは，ある問題・書籍・人物・状態等について説明・注釈・解説を行ったり，感想・意見・批評等を加えたりすることです。コメントの種類を把握し，場に応じて的確なコメントができるようにすることをねらっています。

内容と指導のポイント

●この実例モデルでは，小学生でも理解できるように五つに絞って提示しています。
　感想：ある物事について心に感じ，思うこと
　意見：ある物事についてもっている考え
　評価：他人の作品の値打ちや成績を論じて定めること
　解説：内容を詳しく分析し，意義，背景，関連することなどを説明すること
　注釈：語句・文章の意味を説明すること

●感想語彙や評価語彙が豊かになれば，コメントの内容が変わってきます。次のような語彙表も合わせて掲示し，使えるようになったらチェックするようにしましょう。

感想の言葉　□肯定　△否定	
□心にしみる	△たえられない
□興味深い	△物足りない
□我を忘れる	△あっけない
□納得する	△たいくつだ
□するどい	△むなしい
□たとえようがない	△うんざりする

評価の言葉　□肯定　△否定	
□価値がある	△むじゅんする
□内容がある	△ありふれている
□ずば抜けている	△単調である
□具体的である	△かたよっている
□魅力がある	△中途半端である
□特色がある	△ぎこちない

●司会はもちろん，交流したり発表したりする活動の中でコメントする場は実にたくさんあります。コメント力を身に付け，活発なコミュニケーションが展開できるように活用しましょう。

授業での活用アイデア

　コメントには他にも論評・評言・寸評などがありますが，右頁の五つについてもっと別の言い方を示したり，児童の発言内容を取り上げ，今の発言はどれに当たるのかを分析したりすると，種類を意識したコメントができるようになります。

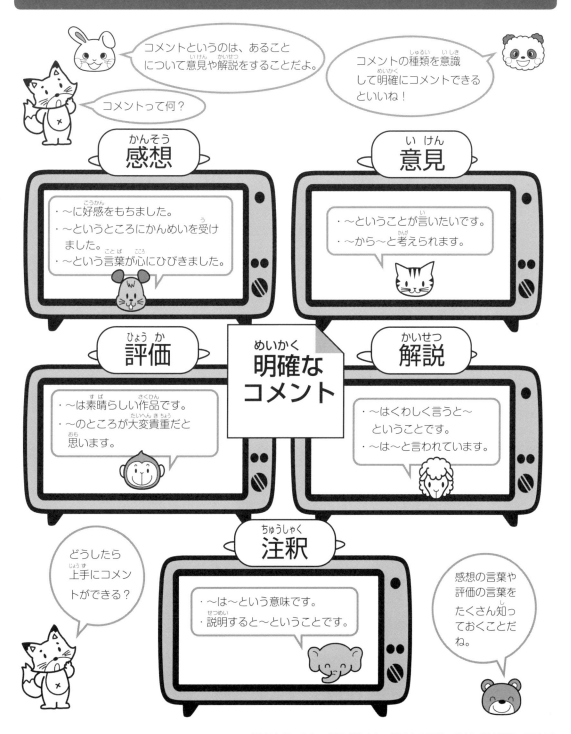

16. 複数の資料を関連付ける

教室掲示ポスター&言語能力アップシートのねらい

このポスター&スキルアップシートは，資料を関連付ける方法を例示しています。児童が自分の考えをもつためには，複数の資料を関連付けて新しい発見をしたり，視野を広げたりすることが大切です。関連付け方の代表的なものには以下のようなものがあります。

①共通点に注目してポイントをつかむ（資料を帰納的に関連付ける）。②相違点に注目して原因・理由を考える（資料を分類・分析する）。③伴って変わる関係を見つける（相関関係を見つける）。④伴って変わる関係の原因と結果を考える（因果関係を考える）。⑤いろいろな要素に分けて考える（多角的に見て分析する）。⑥いろいろな面から見直してみる（多面的に見て統合する）。⑦共通の基準で比べてランキングする（順位付ける）。この他，きまりに当てはまる事例を集める（資料を演繹的に関連付ける，具体例を探す），分類して樹形図にまとめるなどがあります。

内容と指導のポイント

指導にあたっては，次のようなことに気を付けます。
- 共通点に注目してポイントがつかめるように，目的に応じた資料の収集をする。
- 相違点に注目して原因や理由を考える時には，必ず根拠を明らかにする。
- 観測結果や実験結果など複数のデータを提示したり探して，比較・検討する。
- 伴なって変わる関係は原因と結果がどちらかを考え，因果関係を明らかにする。
- いろいろな要素を明確に捉え，物事を多角的に考える。
- いろいろな立場から見直すことのできる資料を準備し，物事を多面的に考える。
- 比較するには共通の基準が必要であることに気付き，目的に応じてランキングする。

授業での活用アイデア

各教科の調べ学習で活用できます。具体的には，以下のような学習活動が考えられます。
- 同じ観測結果を示す表形式のデータと編集されたグラフを比較して，自分の意見を主張している筆者の工夫に気付く学習
- 同じテーマについて述べた異なる文章を比較し，客観的な情報を得る学習
- 説得力のある複数の意見文を読み比べ，書き方の共通点からポイントをつかむ学習

複数の資料を関連付けよう

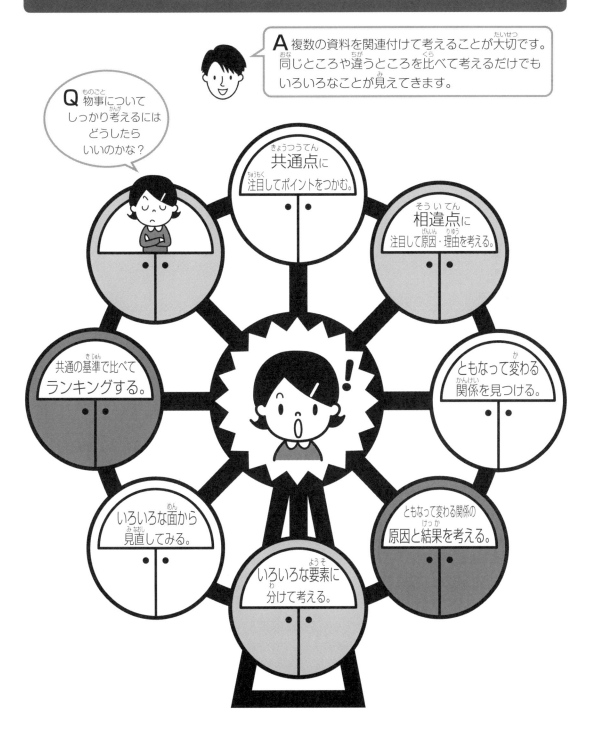

（参考文献：井上一郎著『誰もがつけたい説明力』明治図書，2005年）

17. シンキングチャートを使って考えよう
—ベン図を使おう・ツリー図に整理しよう

教室掲示ポスター&言語能力アップシートのねらい

　個人の思考過程やグループ及び学級全体での思考過程において,児童がシンキングチャートを選んで使えるようになることはとても大事なことです。

　どんな時にどのようなシンキングチャートが有効なのか,児童は少しずつ分かってきています。ここでは,ベン図とツリー図を取り出し,特にこの二つのチャートの特徴や使い方が分かるように掲示し,児童が自分で選んで使うようにしていきます。

内容と指導のポイント

●二つの図の特徴を理解し,児童が自分で選択できるようになることが重要です。
●多様な場面での使用方法を具体的に知らせると,選択の先のヒントになります。

> 　ベン図は主に比較をする時に使用する。共通点や相違点を見つける時に効果的である。比較をする時に,情報を共通点と相違点に分けて整理するツールである。
> 　ツリー図は関連付けをしたり,理由付けをしたりする時に使用する。「なぜ」「どうやって」と根拠を示していくことで,自分の考えを整理することができる。
> 　また,どちらのチャートもメモを取る時やメモを分類・整理する時に使うとよい。

●このように,どんなことに使いやすいのかを児童が実感するために,いろいろな使用具体例を示しておくとよいでしょう。また,シンキングチャートはどんな場面にでも使うことができ,そのことで「整理」「比較」「関連付け」「系統立て」等の思考がしやすくなるので,なるべく多様な使用法を考え出すことができるようにしていきます。

授業での活用アイデア

　ベン図もツリー図も,各教科,道徳,特別活動等,あらゆる活動で効果的に活用できます。取材のメモとして使用することで,メモを整理しやすくなります。

〔ベン図〕国語:登場人物の心情を捉える。(物語教材)
　　ベン図に登場人物同士,あるいは登場人物と自分を置き,比較することで登場人物の気持ちをより具体的に捉える。登場人物同士の比較,同じ人物での比較,同じ作者が作った詩の比較,相対する筆者の意見の比較といった学習活動も考えられます。

〔ツリー図〕国語:物語文,報告文
　　課題設定,構成を捉える時にも使用できます。

シンキングチャートを使って考えよう

ベン図を使おう

「比べる、共通点・相違点を見つける」
ベン図を使うことで、共通点が強調されて理解しやすくなりますね。

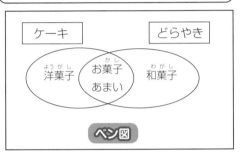

ツリー図に整理しよう

「整理する、理由・根拠を考える、分類する」
ツリー図は、「なぜかな」と理由を考えたり、分類して考えを整理したりと、使いやすいですね。

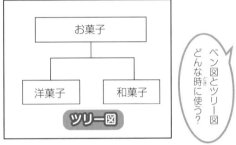

ベン図とツリー図どんな時に使う？

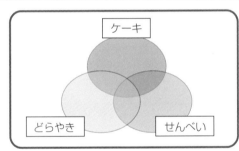

3つ以上のものも比べられます。

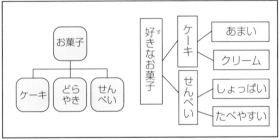

いろいろな形でいろいろな使い方ができます。

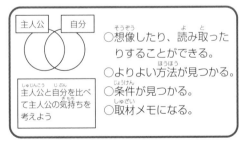

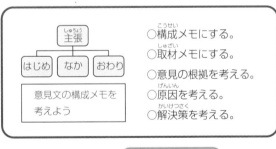

どちらのチャートも、自分の考えが整理でき、さらに新しい考えが生まれてきますよ。いろいろなベン図とツリー図を両方使って考えたり、ほかのシンキングチャートと組み合わせて使ったりすることもできます。

いろいろな活動で使えるね。

（参考文献：井上一郎著『話す力・聞く力の基礎・基本』明治図書，2008年）

18. 創造的・論理的に考えよう

教室掲示ポスター&言語能力アップシートのねらい

このポスター&アップシートは，新しいアイデアを生み出す時，工夫して今までよりもよいものを新たに創造したいと思った時の考え方（水平思考）と，論理的な思考をするための考え方（垂直思考）を児童に分かりやすく説明するためのシートです。

内容と指導のポイント

● 「創造的に考える」では，具体的にどのような考え方をすればよいのかを10種類挙げています。既に知っていることがら（知識）をたくさん集めた上で，それらを組み合わせたり，別の角度から見つめ直したりすると同時に，課題に向かおうとする意欲や考えることを楽しむ気持ちも大切であることを伝えています。

● 「論理的に考える」ためには，まず，問題を解決したいと思う気持ちが必要です。解決のプロセスの見通しを立て，問題（課題）の因果関係を時系列等の順序性に従って並び替えます。その上で矛盾点がないかどうかを確認し，現時点で考えられる最善の解決法を決定します。考えている途中でうまくいかないと思ったら，粘り強く別のアプローチをしてみることも必要です。

授業での活用アイデア

作品を創作する授業としては，国語科での，詩・短歌・俳句・物語の創作をする時，図画工作科で立体作品やデザイン作品の構図やアイデアを出す時，体育科でダンスの振り付けを考える時などに使えます。他にも音楽科で作曲や演奏をする時，家庭科でエプロンやナップサックを制作する時など，よりよいものを生み出そうと工夫する場面で活用できます。

また，課題を解決する授業では，学習課題の設定や学習計画の立案の場面で，様々なアイデアを出し合い，最もよいプロセスを決定する時に示すことができます。具体的な授業の場面で考えると，複数の解決策を出し合い，協議したり討論したりする場面で考え方のヒントとして用いることもできます。社会科で，歴史上の出来事をつないで考える課題，未来を予測する課題，算数科で，できるだけたくさんの解き方を出し合い，最もよいと思う方法を見つける場合，理科で，実験・観察の方法を考える場合の手助けにもなります。

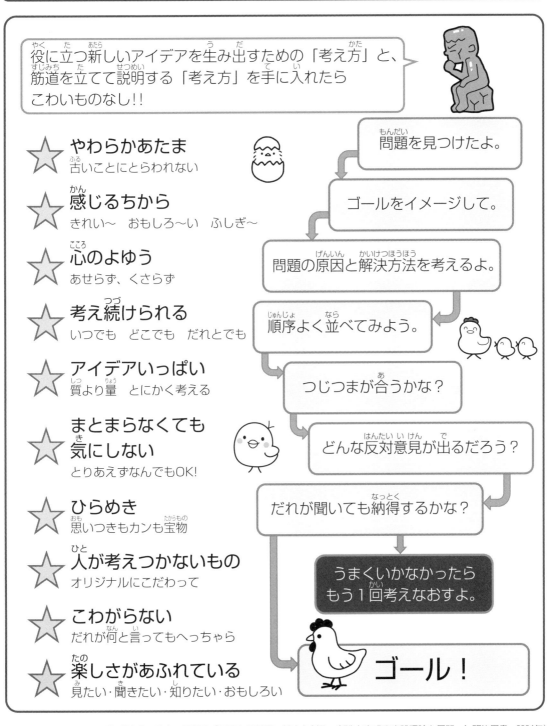

19. 批判的に考えよう

教室掲示ポスター&言語能力アップシートのねらい

　このポスター&アップシートでは，批判的思考（クリティカル・シンキング）を「自分がきちんと論理的に考えているかチェック（批判）しながら思考を進めていくこと」と捉え，レーダーチャート上の六つの観点に沿って，子どもたちに自分自身の思考を省察（メタ認知）させます。

内容と指導のポイント

●批判的に思考するための六つの観点

　批判的に考えるためには，物事を考える際には多様な観点があることを知っていなければいけません。ここでは，基礎的な六つの観点に絞って，児童に提示します。

① 正確性：その事実や数値は正しいか。根拠や出典などは明確に示されているか。
② 客観性：その事実や考え方は他の人からも認められるか。検証することができるか。
③ 一貫性：その考え方は論理的に首尾一貫しているか。推論や類推も正しくできているか。
④ 順序性：論理的な順序を踏まえて考えているか。相手にもその手順は分かるか。
⑤ 具体性：その事実や考え方は具体的にイメージできるか。実際に具体化できるか。
⑥ 有効性：その考えは実行することができるか。どのような有効性や効果があるか。

授業での活用アイデア

　「批判的に考える」対象は文章や本だけでなく，友達の意見であったり，自分自身の考え方であったりと多岐にわたります。例えば，国語科の「読むこと」の領域では，読んでいる本を「批判的に考える」ことで，自分の体験と結び付けた感想文を書いたり，自分たちで物語を書いたりする活動につなげることもできます。また，「話すこと・聞くこと」の領域では，友達の意見を「批判的に考える」ことで，討論などでの深い学びが期待できます。

　さらに，算数科で自分の解答が正しいか見直したり，総合的な学習の時間で発表するプレゼンテーションをチェックしたりと，自分自身の考え方を「批判的に考える」場面を多く作ることで，より汎用的な能力として定着させることができるでしょう。

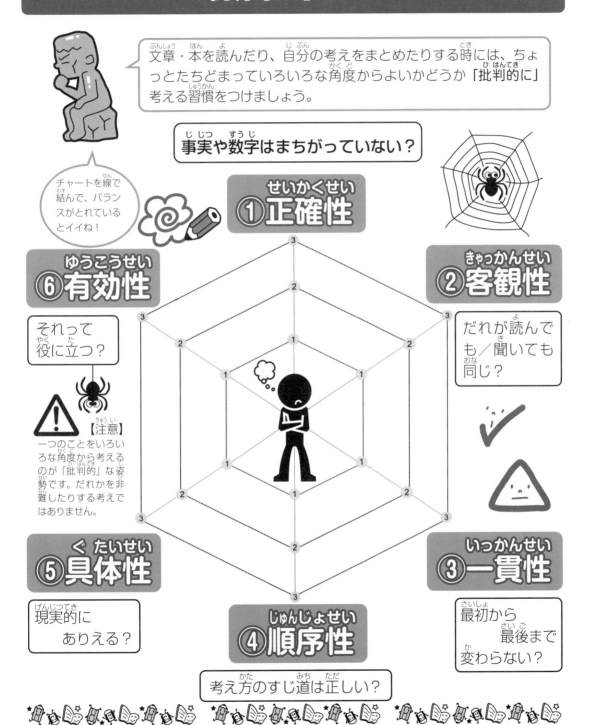

第2章 「話すこと・聞くこと」の能力を高める！教室掲示ポスター＆言語能力アップシート

1．話すための準備をしよう―話すこと・聞くことのプロセス

教室掲示ポスター＆言語能力アップシートのねらい

　話す力・聞く力を付けていくためには，実際に発表したり，聞いたりする活動を日常化する必要があります。そこで，年間を通して最も基礎・基本となり，低学年から中学年にかけて定着すべき内容をポスターとして掲示します。話すためのプロセスの基礎・基本と留意点が常に分かるようにし，どのような時でもプロセスに沿って考えられるようにしていきます。
　また，このプロセスで準備をしたあと，この観点で振り返りをすることもできます。

内容と指導のポイント

- ●手順と留意点を示し，目的や相手，発表時間，発表場所が意識できるようにします。
- ●「ヒヨコの5番に書いてあったね」というふうに，児童がイメージしやすいように作成し，無理なく手順が理解できるようにします。
- ●実際の発表内容に応じて1～11のうち，必要なものと必要でないものを児童と確認しながら学習の計画を立てます。
- ●シートを一人一人に配り，話すための準備のポイントシートやチェックシートとして使用することもできます。ここではプロセスを示しているので，「スピーチの原稿を書く」「発表の仕方を工夫する」という最も大切な段階では，構成や表現方法，発表の仕方に焦点化したポスターやワークシートなどが必要です。発表の仕方「かっこいいスピーチ」については次項を参照してください。

授業での活用アイデア

　国語科及び各教科等，低学年の「話すこと・聞くこと」のすべての単元で活用できます。発表する相手が保護者，地域の方，異学年の場合，「発表する部屋の準備をする（会場づくり）」や「招待状を書く」活動も大切なプロセスとなります。

例：① 「新しい1年生が安心して〇〇小学校に来られるように，学校のことを教えよう」という学習課題を設定します。
　　② 説明の仕方を学習し，各自説明の内容をスピーチ原稿に書きます。
　　③ グループ内で説明し，質問やアドバイスを出し合います。原稿を見直します。
　　④ 説明の練習をします。
　　⑤ 幼稚園・保育園で学校のことを教えます。学習全体を振り返ります。

話すためのじゅんびをしよう

 じしんをもってはっぴょうできるように、つぎのじゅんばんでじゅんびをしよう。

じゅんび1

1 わだいをきめる。
2 人にたずねる・しらべる。
3 せいりする。

だれに 何のために 何分で どこで はっぴょうするのかな。

じゅんび2

4 スピーチのげんこうをかく。
5 みせるものをよういする。
6 はっぴょうするへやのじゅんびをする。
7 しょうたいじょうをかく。

じつぶつやしゃしんをよういしよう。

れんしゅう

8 はっぴょうのれんしゅうをする。
9 はっぴょうでつかうどうぐやきかいのつかいかたをたしかめる。
10 はっぴょうのしかたをくふうする。
11 じぶんのやくめやすすめかたをたしかめる。

(参考文献：井上一郎著『話す力・聞く力の基礎・基本』明治図書，2008年)

2. かっこいいスピーチをしよう

教室掲示ポスター＆言語能力アップシートのねらい

　説得力のあるスピーチにするためには，発表原稿の作成に関するシートと，発表の仕方に関するシートが必要になります。ここでは，低学年の児童が，スピーチについて知り，スピーチの仕方を身に付け，スピーチを楽しむことができるように工夫しました。内容と表現の仕方について2段に分け，スピーチができるようにします。「かっこいいスピーチ」とは，初めて習うスピーチを要領よくこなしていく能力として分かりやすく解説しています。

内容と指導のポイント

- スピーチの題材について，どんな話題を取り上げればよいか分かりやすいようにします。
- スピーチのプロセスに沿って，児童が意識して学習できるようにします。
- スピーチの仕方を取り上げて，児童が自分で練習できるようにします。

　題材の取り上げ方としては，児童がまず「こんなことをスピーチの題材として取り上げてみよう」とイメージできるように，児童の日々の学習や日常生活から身近な題材を例として具体的に挙げておきます。ジャンルに分けて，児童が題材を選ぶ観点をもたせるようにします。プロセスを提示して，スピーチをするには何をしなければいけないのかを児童が考えるようにしていきます。

　それぞれの学習過程では，複数のワークシートがあるとよいでしょう。

授業での活用アイデア

　年間を通して，国語科を中心に各教科等に「話すこと・聞くこと」単元を設定して，スピーチの力を段階的に身に付けるようにします。

　例えば，国語科では次のような活動になります。

・1年生「たからものをおしえよう」「なつやすみのことをはなそう」
・2年生「一年生に学校のことを教えよう」「まちのお気に入りの場所を紹介しよう」
　　　　「大すきなもの教えたい」「あったらいいなこんなもの」

　朝の会，帰りの会等，学校生活の中で，スピーチの実践を積み重ねるようにするとよいでしょう。

かっこいいスピーチをしよう

「おしえましょう!」

スピーチとはみんなのまえで、はなすことです。かっこよくスピーチするわざをみにつけましょう。

「かっこいい」ってどんなこと?

 まず、「スピーチのわだい」をきめましょう。

!!どんなわだいでも、よいというわけではありません。

① じぶんのこと　　② やったこと　　③ みつけたこと

④ しらべたこと　　⑤ きいたこと　　⑥ よんだこと

⑦ やってみたいこと　⑧ つたえたいこと

じてんしゃで、でかけたことにしようかな

♥ こんなわだいをえらびましょう。

 つぎに、「スピーチのやりかた」をおぼえましょう。 おじぎもきちんと。

入り方・出方 立つところ しせい ・ステージではなすようなかんじで。	よくきこえる声 わかりやすいはやさ ・話と話のあいだはひといきあけよう。	目を合わせて 目くばりもする ・聞いている人ぜんぶを見まわそう。
スマイル なかみによっては ひょうじょうも かえて ・きもちをあらわそう。	見せるものが あったらよういする ・じつぶつやしゃしんを見せよう。	じかんをまもる ・まずは、1分間でスピーチしてみよう。

よし!やってみよう!

(参考文献:井上一郎著『話す力・聞く力の基礎・基本』明治図書,2008年)

3．大事なことを押さえて聞こう

教室掲示ポスター＆言語能力アップシートのねらい

　話を聞く時に，「大事なことを落とさないように，興味をもって聞く」ためのポイントを示しているポスター＆アップシートです。「大事なこと」というのはどういうことかを分かりやすく説明しています。

内容と指導のポイント

● 話を聞く時に，話の内容によって，何が大事なことなのかを自分自身で考えながら聞くことが求められます。また，体験などの話を聞く時と事物の説明を聞く時には，話の大事なことは違います。そのことを考えながら聞くことを示しています。

●「大事なことを落とさないように」聞くためには，話し手が知らせたいと思っている事柄の大事なことを落とさないようにすること，自分が聞きたい事柄の大事なことを落とさないようにすることがあり，そのどちらも「興味をもって聞くこと」が重要です。特に低学年では，事柄の順序を意識して聞き取ることが大切になります。

  ・体験などしたことの順序
  ・生き物や事物などの順序

授業での活用アイデア

　様々な場面で行われるスピーチを聞く時に活用できます。
　第１学年の自分の体験を話す・聞く単元，自分の宝物を話す・聞く単元，友達のことを聞く・話す単元等でこのポスター＆アップシートを見て確認し，話を聞きます。
　第２学年の伝えたいことを話す・聞く単元，話の組み立てを考えて発表する単元でも，このポスター＆アップシートを活用して聞くポイントを確認します。
　また，生活科の体験活動で見つけたことを話したり聞いたりする時に，友達の話を聞くポイントとして，提示します。
　日常活動の１分間スピーチを聞く時，友達の話を聞く活動の時等，常時活用して，聞く力を育てていきましょう。

4．もっと聞いてみよう

教室掲示ポスター＆言語能力アップシートのねらい

「質問する」というのは，内容を聞いて理解するだけではなく，もっと相手のことを深く理解するためでもあります。また，自分の思いや考えと関連付けるなど考える力を育てるためにも大切な行為です。しかし，はじめはどのようなことを質問すればよいか分からない児童もいます。そこで，質問力を付けるために質問のポイントを示しました。

内容と指導のポイント

● 常に５Ｗ１Ｈを意識するようにしています。

　話をする時，５Ｗ１Ｈを意識すると，相手に内容が伝わりやすいです。そして，相手の話を聞く時も話をする時と同様に５Ｗ１Ｈを意識すると内容が捉えやすいです。つまり，その５Ｗ１Ｈのうちどれかが抜けていたら，そのことを質問することで話の内容を確かにすることができます。

● 「どうして」という質問には，理由（Why）を聞くことと，方法（How）を聞くことの二つの意味があることを知らせています。

　質問する時に自分は「理由」を聞こうと思っているのか，「方法」を聞こうと思っているのか，どちらについて聞こうとしているのかを意識できるようにしました。

● 質問する時の内容をキーワードで表しています。

　どのような場合においても質問できる内容をキーワードで表すことで，パッと見てどのようなことについて質問すればよいかが分かるようにしています。

授業での活用アイデア

　発表会やインタビューの学習で，このポスター＆アップシートを活用すると効果的です。相手の話をどのようなことに気を付けて聞けばよいかが意識できるようになります。このポスター＆アップシートは国語の授業だけではなく，様々な教科等の授業や朝の会のスピーチ等でも活用できるので，教室に常時掲示しておくとよいでしょう。

5W1Hで考えてみるといいね！

5．発表会をひらこう―形式・進行

教室掲示ポスター＆言語能力アップシートのねらい

　このポスター＆アップシートは発表会の基本的な流れを示したものです。
　第1ステージでは，スピーチ，プレゼンテーション，ポスター・セッション，ワークショップなど様々な形式の発表会に共通する項目を取り上げて，必要な準備や役割分担，進行のイメージが分かるようなポスターにしています。
　取り上げた項目は，次の10項目です。①発表会の目的や方法，役割を決めること，②考えたり調べたりすること，③スピーチ原稿を書くこと，④聞いている人に見せるものを準備すること，⑤発表する部屋を準備すること，⑥お知らせの手紙を書いて届けること，⑦発表の練習をすること，⑧発表する時の道具や機械の使い方を身に付けること，⑨発表の仕方を工夫して実際に発表すること，⑩発表会を振り返って評価すること。

内容と指導のポイント

●①では，発表会の目的を明らかにしたり，課題を発見したりします。②では，自分の経験を振り返ったり，調べたりして発表する内容を明らかにし，③で実際にスピーチ原稿を書きます。④では，発表会の手持ち資料を準備します。⑤では，会場の大きさや雰囲気は適当か，フロアーにいる参加者の人数は何人か，発表者との距離はどうかなどについて吟味し，実際に準備をします。⑥では，案内状や招待状を書いて届けたり郵送したりします。⑦では，実際の会場で立ち位置やフロアーの位置を確認したり，発声してみたりしてシミュレーションを行います。次に，そのイメージをもって練習を繰り返し，最後に発表会と同じようにやってみるリハーサルを行います。⑧では，道具や機械の使い方を確認し，⑨発表会の実施，⑩では，発表会を振り返って①～⑩の項目ごとに評価します。

授業での活用アイデア

発表会を行う場合には常に使うことができます。具体的には次のような発表会があります。

- 自分の宝物やできるようになったことについて説明したり，それらを聞いて感想を述べたりする発表会
- 社会科見学や身近な人へのインタビューの報告と，それらを聞いて意見を述べる発表会
- 環境問題やエネルギー問題など身近な問題について調べたことについて資料を用いて説明したり報告したりするとともに，それらを聞いて助言や提案をしたりする発表会

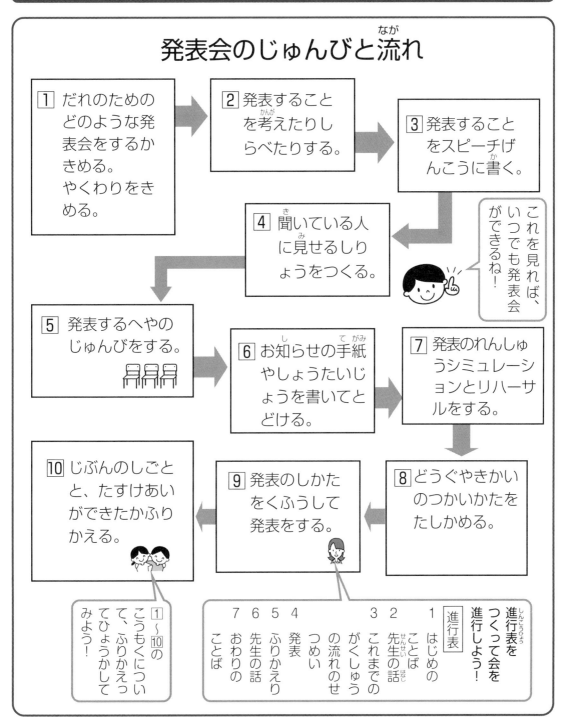

6. 話すための原稿の書き方

教室掲示ポスター&言語能力アップシートのねらい

　児童にとって，人前でうまく話すことは，難しいことです。話すための原稿を書くことで，前もって話す内容を筋道立てて考えたり，聞き手に理解してもらえるように話す内容や話し方を工夫したりすることができます。このポスター&アップシートでは，話すための原稿の種類を知り，話すためのスピーチ原稿の書き方を学んで，実際のスピーチで活用できるようにすることをねらいとしています。

内容と指導のポイント

- キャラクターが話しかける形で，今までの自分のスピーチ経験を想起させ，スピーチ原稿を書く意欲を高めます。また，スピーチ原稿を書く際，スピーチの時間・場所・聞き手の人数などを考慮して話の内容を決めることもキャラクターが教えてくれます。
- 話すための原稿の種類に，「フル原稿」「アウトライン原稿」「データ原稿」の3種類があり，イメージできるようにモデルを入れました。最初は「フル原稿」から始め，慣れてきたら「アウトライン原稿」や「データ原稿」に挑戦させるとよいと思います。第3ステージでは，右のような手順を示して「フル原稿」から「アウトライン原稿」に書きかえてみるのもよいでしょう。
- フル原稿のモデル文を見ながら，スピーチ原稿の書き方のルールが分かるように，引き出し線で五つのルールを書きました。

【フル原稿をアウトライン原稿に書きかえる手順】
① 小見出しをつける。
② 大切な言葉や文を書く。
③ 記号を使う　（例）・傍線や波線（強くいうとき）
　　　　　　　　　　・矢印（理由や順序）
　　　　　　　　　　・二重丸（大事なところ）
④ 5文字×3行＝15文字のカードに下書きをする。
⑤ シミュレーションをして，書き直しをする。
⑥ 5cmの原稿罫のカードにマジックで大きくていねいに書く。（色分けを工夫する。）
⑦ めくりやすいように，カードリングに通す。

（引用文献：井上一郎編著『話す力・聞く力の基礎・基本を育てる―小学校―上巻』）

授業での活用アイデア

　夏休みや冬休み明けのスピーチや1分間スピーチなど，みんなの前でスピーチする際にこのポスターを活用すると効果的です。また，総合学習の発表などの機会でも役立ちます。国語の授業だけではなく，いろいろな場面で活用できるので，教室に掲示しておくとよいでしょう。

話すための原稿の書き方

人前で、うまく話せなくてこまったことはありませんか？ 話す前に、スピーチ原稿を書いておくと安心して話すことができます。あなたもスピーチ原稿を書いて、スピーチしてみましょう。

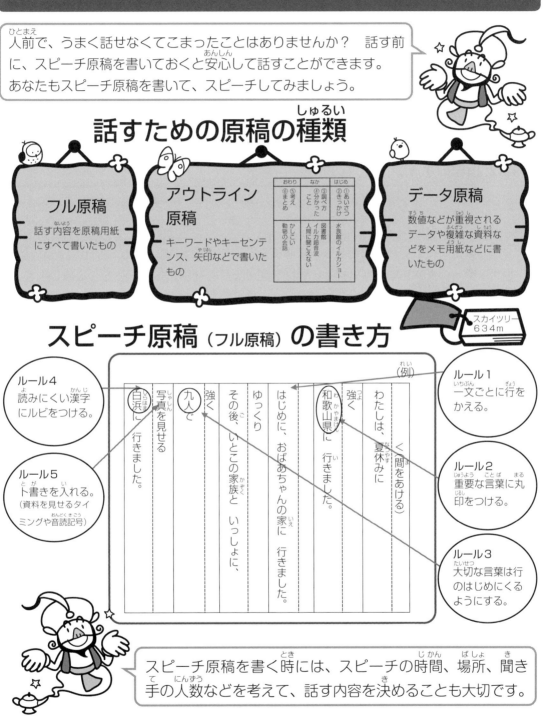

スピーチ原稿を書く時には、スピーチの時間、場所、聞き手の人数などを考えて、話す内容を決めることも大切です。

（参考文献：井上一郎著『話す力・聞く力の基礎・基本』明治図書，2008年）

7．プレゼンテーションの仕方

教室掲示ポスター＆言語能力アップシートのねらい

　このポスター＆アップシートは，自分が伝えたいことをどのようにプレゼンテーションしたら聞き手の行動や考えを変えることができるかを，「話すこと」を中心に説明するためのものです。

内容と指導のポイント

- 児童が初めて耳にする「プレゼンテーション（プレゼン）」の定義を説明します。相手の行動や考えを変えるためのプレゼンテーションは日常のあらゆる場面に存在することに気付かせると，難しい言葉でも興味をもち，理解することができます。
- プレゼンテーションをする時は相手に思いを届けることを目指して話し方を工夫します。
- 発表のスキルに加えて，「伝えたい」「分かってほしい」という熱意が最も大切であることを理解させます。その熱意は，語彙の選択，文章の組み立てや構成を工夫する意欲にもつながります。
- 時間を意識することを身に付けさせます。いつまでも話し続けたり，時間を余らせすぎたりするとよいプレゼンテーションとは言えません。指導者はプレゼンを作成させる際に，必ず時間を提示します。
- どのような環境下でプレゼンをするかによって，声の大きさは変えなくてはなりません。場に応じて「マイクとスピーカーが必要です。」など，必要な発表ツールを申し出ることも身に付けさせたいです。
- 「ゆっくり」「はやく」という感覚は人によって異なります。具体的に１分間300字程度の文章を読む練習で，速さの感覚をつかませましょう。
- 話し手からの一方通行にならないように，聞き手の反応を見ながらより詳しく説明したり，言葉を変えて説明し直したりするなど臨機応変に対応できる力を付けましょう。

授業での活用アイデア

　相手の変容を目指して自分の考えを話す学習活動で活用します。第三次の発表会や報告会，提案のために，準備・練習する場面で参考資料として配布したり，教師が説明したりする時に用います。教科だけではなく，総合的な学習や児童会活動，係活動にも有効です。

プレゼンテーションの仕方

どんなふうに伝えたら相手の行動や考えを変えられるのかな？

プレゼンテーションとは、聞いている人の行動や考えを変えるために、工夫して情報を伝えることです。

プレゼンでいちばん大事なことって何？

自分の考えていることを分かってほしいっていう強い気持ちさ。

どれくらいの時間、話すの？

持ち時間は前もって決められているはずだ。
その時間を守ることを考えておくのさ。

どれくらいの声の大きさで話すといいかな？

話す場所の広さと、聞く人の数を考えて、
どこにいる人にも伝わる声の大きさを、
たしかめるのよ。

どれくらいの速さで話すといいかな？

1分間に300文字くらいがちょうどいいんだ。

伝わっているのか不安なんだけど…

聞いている人が首をかしげていたり、わからないなぁという表情をしていたりしたら、その場でくふうがいるのさ。

聞く方にも技があるのよ。わかるかしら？

①いちばんいいたいことを見つけよう。
②わからなかったことやぎ問に思ったことをあとで聞こう。
③プレゼンを聞いて考えたことを伝えよう。

（参考文献：井上一郎編著『小学校国語「汎用的能力」を高める！アクティブ・ラーニングサポートワーク』明治図書，2015年）

8．司会力を高めよう―協議・討論のレベルアップ

教室掲示ポスター&言語能力アップシートのねらい

アクティブ・ラーニングを進める授業では，司会力が必要とされます。このポスター&アップシートでは，グループ学習の内容をどのように高めるのか，協議と討論の観点からまとめています。話し合いを行う際の，司会の進め方を示しています。協議の仕方と討論の仕方の違いを確かめ，司会力を高めることがねらいです。

内容と指導のポイント

- 協議は何らかの結論を出す目的で集まって相談することであり，討論は特定の場で互いの意見，論をたたかわせることです。話し合いに入る前に目的をはっきりさせ，進め方を把握しておくことが上手な話し合いのコツになります。実例モデルでは，クラスワークの進め方を提示していますが，グループワークで行う場合もほぼ同様の進め方になります。
- 協議の進め方のポイントは，考えや意見の集約にあります。理由を述べながらよいものを選んでいったり，価値の高いものにしていったりします。グループにおける話し合いの中でも一つにまとめ，クラス全体でも同じものをまとめたり，選んだりしながら一つにしていくように進めます。
- 討論の進め方のポイントは，考えや意見の整理・分類にあります。違った考えや意見を聞き合うことで，自分の考えを深めたり，広げたりするのです。様々な意見を分類しながら分かりやすく整理し，その過程で理由を述べ合ったり，質疑応答をしたりして考えを共有します。

授業での活用アイデア

協議と討論には次のような活用方法があります。

〔協議〕
- 学級会などの話し合い活動
- ブレーンストーミング
  （参加者が自由に意見を述べ合うことで多彩なアイデアを得る）
- バズセッション
  （6人前後のグループをいくつか作り，意見を述べ合って最終的にグループの意見を発表する）

など

〔討論〕
- パネルディスカッション
- ディベート
  （異なる立場に分かれて議論すること）
- フリートーキング
  （時間や発言形式にあらかじめ制限を設けない自由な討論や対話）

など

司会力を高めよう

協議ってどんなことをするの？

クラスワークの進め方が違うんだよ。

討論ってどうするんだろう？

協議

協議とは……
知識や考え、意見などを出し合い、一つにまとめていく。

討論

討論とは……
互いの考えの違いを大事にしながら、多くの考えを関係付けていく。

パーソナルワーク→グループワーク

1 グループの報告
「グループで話し合った内容を一つにまとめて報告してください」

↓ 話し合った内容を一つにまとめて出してもらう。

2 考えや意見の集約
「よいと思うものの中から同じところを見つけて一つにまとめていきます」

↓ 出された考えの中から選んでいく。（理由を述べる）

3 まとめ
「話し合った結果、このようになりました（決まりました）」

同じ価値があるものを見つけて一つにしていく。

---

1 グループの報告
「グループで出たことをいくつかに分けて報告してください」

↓ それぞれのグループから話し合った内容を出してもらう。

2 考えや意見の整理
「報告された考えや意見を整理しましょう」
「どのように分けたらよいですか」

↓ 意見を出してもらいながら、整理する。

3 まとめ
「報告された考えや意見は、このように整理されました」

考えが広がったり深まったりした点に目を向ける。

（参考文献：井上一郎「アクティブラーニング時代における国語教育の基礎・基本」『国語教育』№801）

9．メモを使って聞き取ろう

教室掲示ポスター＆言語能力アップシートのねらい

　中学年では，インタビューや取材，社会科見学など，メモを取るような機会が増えるとともに，そのメモを使って新聞にまとめたり，友達に報告したりする活動が増えてきます。そのため，場面に応じたメモが取れるようにするためのポスター＆アップシートです。

内容と指導のポイント

- 聞き取りのメモの形式には時間の流れに即したメモと，話の内容を整理するメモがありますが，ここでは音声メモ・付箋メモ・座標軸メモ・対比チャート型メモ・三角チャート型メモの五つを載せています。
- 雲形の吹き出しの中に場面や活用の仕方を載せているので，目的に合ったメモの形式を選ぶことができます。
- 載せているもの以外では，話す内容を時間の流れに沿ってメモするものがあります。

授業での活用アイデア

・話す順番の項目ごとに番号を付けながらメモを取る。

・時間の進行に基づいてメモを取る。

時間	事項	内容
13：00	1　見学の流れの説明	①　流れの説明
		②　工場内の見学
		③　ゲストルームで質問タイム
13：15	2	・
		・
		・

① 何のために聞くのか，自分の目的を考えます。
② ポスターの中からその目的に合ったメモの取り方を選びます。
③ メモを取るための道具を準備し，実際にインタビューした内容やスピーチの内容などをメモします。
④ 記憶がはっきりしている間にメモを整理する。

メモを使って聞き取ろう

10. インタビューをしよう

教室掲示ポスター＆言語能力アップシートのねらい

　知りたいことについて調べる時に，詳しく知っている人に聞く「インタビュー」は，児童にとって身近な調べ方の一つです。このポスター＆アップシートは，インタビューするまでに必要な準備やインタビューの方法を学ぶために作成しました。

内容と指導のポイント

●インタビューに関連する用語を知る。
　詳しく知っている人に聞いて調べる方法を「インタビュー」，インタビューする人を「インタビューアー」，インタビューされる人を「インタビューイー」ということを知ります。
●インタビューの準備やインタビューの方法を学びます。
　ここでは，五つのステップでインタビューの手順を示しています。
　インタビューをして，知りたい情報を得るためには，事前にしっかりと準備しておくことが大切です。まず，誰に聞くと知りたいことがよく分かるのか，インタビューをする相手を決めます。そして，どのような内容について聞きたいのかを考え，質問することを二つ～三つ選びます。また，インタビューする相手には事前に連絡をし，日時や質問の内容を伝えることも大切です。十分に時間を取って，見通しをもって準備を進めるようにしましょう。
●相手の答えを予想しながら，インタビューの練習をします。
　実際にインタビューをする時には，丁寧な言葉で話したり，大事なことを落とさずに聞いたりする力が求められます。限られた時間の中で，知りたい情報を得るために，順序よく進めることができるようにします。また，聞き逃した時や分からなかった時には，「もう一度，聞き返す」「内容を確かめる」など，様々な場面を想定して練習をしておくとよいでしょう。

授業での活用アイデア

　インタビューをして調べることは，国語科だけではなく，社会科や生活科，総合的な学習の時間など，様々な学習の中で経験します。インタビューをする前に，このポスターを見ながら方法を学びます。常に手元に持っておくと，ポイントを確かめながら練習をしたり，インタビューに持参したりすることができます。また，新たに見つけたポイントを付け加えて，活用できるようにします。また，教室や図書館などに調べ学習スペースを設け，ポスターとして掲示し，調べ学習やインタビューをするたびに，繰り返し確かめることができるようにします。

11. いろいろな司会にチャレンジしてみよう
―司会・議長・パネリスト等の種類

教室掲示ポスター＆言語能力アップシートのねらい

　何かを決める話し合いと，考えを広げたり深めたりする話し合いでは，司会の役割はいろいろと違ってきます。そこで，話し合いの目的を明確にするとともに，様式化された形態（進行，討論会，学級会，集会，パネルディスカッション等）に応じたいろいろな役割の司会者がいることを理解させた上で，目的に応じた役割を重ねながら，系統的に様々な能力育成を図っていきます。

〈例〉司会力の大まかな系統性

低学年	話題に沿って，時間の目安をもって進行する。
中学年	全員が発言できることや相違点や共通点を意識して，整理しながら方向を示し進行する。
高学年	考えを深めたり，対立した意見を調整したりする。

内容と指導のポイント

- 司会といっても多様な役割があり，それらに応じて名称も違ってきます。それぞれの知識と技能を明確にした上で，協働して問題解決に向かう社会的態度の育成の日常化を図ります。
- 司会は，目的に沿って話し合いが成立・成功するように主導し，目標を実現していくよう努めます。
- 多くの人の話を集中して聞く力，まとめ上げていく柔軟な思考，公平性・公正性・中立性を重んじる態度，多面な人間関係を理解し，なごやかな会の雰囲気を創り出す姿勢，意見が分かれた時や議論が紛糾した時に，冷静に対応する力等の能力を育成します。

授業での活用アイデア

〈例〉各自の役割を自覚しよう！

クラスワーク（司会団3～5名）	1 司会者	★全体の司会者としての役割を果たす。
	2 副司会者	★司会者のサポート，板書なども担当する。
	3 時間係（タイムキーパー）	★決められた時間内の総括を目指す。
グループワーク（司会団4名）	1 司会者	★目的に応じて，提案者や参加者の発言を整理したり，まとめたりする。
	2 記録係（書記）	★決定したこと，意見分布，結論等を記録する。
	3 時間係（タイムキーパー）	★パーソナルワークの内容を時間内に終了するよう管理する。
	4 報告者	★記録者の記録を受けてクラスワークで報告する。

いろいろな司会にチャレンジしてみよう！

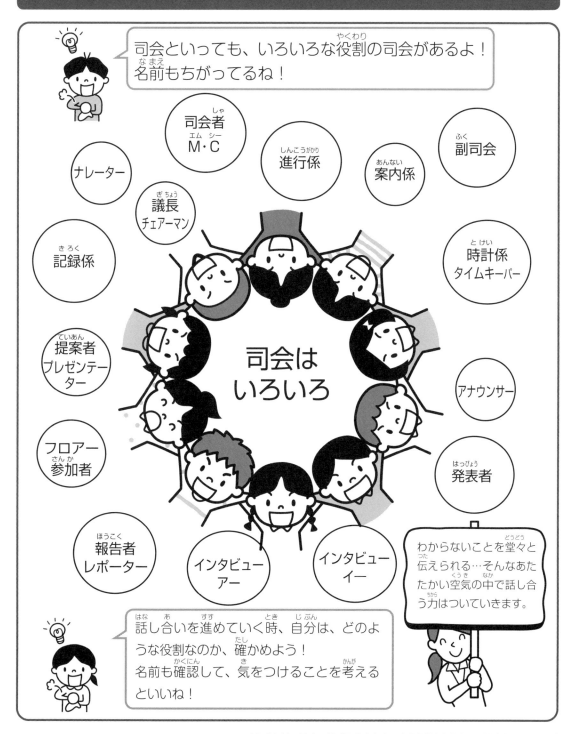

(参考文献：井上一郎「司会力を高めよう」『教育科学国語教育』2016年9月)

12. プレゼンテーションをかっこよくしよう

教室掲示ポスター&言語能力アップシートのねらい

　このポスター&アップシートでは，よりよいプレゼンテーションをするためのポイントを準備と実行の二つのステージに分けています。準備のステージでは「カード集め」「下調べ」「資料づくり」「練習」，実行のステージでは「入場」「発表」「エンディング」「退場」の四つずつの項目を示しています。

内容と指導のポイント

●まずはしっかり準備しよう。
　準備の第一歩は伝えたい内容を取材する「カード集め」からです。ここで集めたカードをもとにプレゼンテーションをしていく設定にしていますが，取材メモと発表原稿を分けることも可能です。効果的なフレーズや表現技法なども，思いついた時にはカードにメモできるとよいでしょう。「下調べ」ではプレゼンテーションの時間（質問時間も含むのか）や会場の大きさ，パソコンやスクリーンの有無などを確認することに加え，観客（聞き手）の関心や予備知識を知ることが大切です。内容面でも，質問されたことに答えられる準備をしておかなければいけません。「資料づくり」では，会場の規模や聞き手に応じて，効果的な資料を作成するようにします。ＰＣのスライドなどを作る時には，字が多すぎたり，細かすぎたりしないように注意させたいものです。そして「練習」する時には，できるだけ他の人に聞いてもらうことを勧めています。

●自信をもって実行しよう。
　準備が終わったあとは，とにかく「自信をもって」プレゼンテーションするしかありません。「入場」「退場」の笑顔から始まり，アイコンタクト・声の調子・ジェスチャーなど，非言語的表現の技法を効果的に使えるようにポイントを列挙しています。

授業での活用アイデア

　国語科だけでなく，総合的な学習の時間など，調べたものをまとめて発表する学習単元は多くあります。最終的にプレゼンテーションするというゴールを明確に意識するために，単元の導入でアップシートとして配布し，ポスター掲示で単元中も繰り返し確認させると有効です。

プレゼンテーションをかっこよくしよう！

「まずは しっかり…」

準備しよう

カード集め
伝えたいことをカードに書き出そう。
- ☆くわしく書かずに、キーワードで。
- ☆おもしろいエピソードやフレーズ、問いかけをメモしておくといいね。
- ☆たとえを使ったり語順を入れかえたりすると効果的な表現方法もあるよ。

下調べ
どんなふうにプレゼンするのかな？
- ☆T（時間）、P（場所）、A（聞き手）を確認しよう。
- ☆伝えることのスペシャリストになれなくても、質問には答えられるようにしておこう。

資料づくり
見やすい図表を効果的に！
- ☆話していることがメインなので、細かすぎるグラフや写真はNG！
- ☆聞き手が興味をもつ資料にできるかな？

練習
練習するほど自信はつきます。
- ☆カード（話す内容）の順番を最終チェック！
- ☆だれかに聞いてもらってコメントをもらおう。

入場
聞き手にニコッ！笑顔で入場しよう。
- ☆みんなが知らないことを今から教えてあげるのです。自分自身も楽しみましょう。

発表
胸をはって堂々と発表しましょう。

アイコンタクト
- ☆聞き手の顔を一人ずつ見るつもりで。

声の調子
- ☆大きさ、高さ、テンポなどに変化をつけよう。

ジェスチャー
- ☆注目を引いて、話していることにまきこもう。

エンディング
オチも大切。上手にまとめよう。
- ☆ここまで話してきたことを、聞き手に印象づける終わり方を考えましょう。
- ☆有名な人の言葉や余韻のある問いかけなど。

退場
最後にスマイル。笑顔で退場しよう。
- ☆しっかりやりきったという達成感を味わいながらもどりましょう。

実行しよう

「自信をもって」

13. 困った時の話し合いの進め方―司会力

教室掲示ポスター&言語能力アップシートのねらい

　話し合いの司会をしていて，このポスターに示したようなことで困ることもあるのではないでしょうか。そんな時，「話し合いをうまく進めることができた」と司会をした児童自身が思うことができることが，このポスター&アップシートのねらいです。

　児童は，学級会などの話し合いの司会が大好きです。みんなで何をして遊ぶかなどの議題の場合は，話し合いが短い時間でさっさと進行することもよく見られます。反面，みんなの意見を聞き，みんなの納得がいく合意を形成したり，アイデアをより深く丁寧に考えてみんなで結論を出すということは，なかなか難しいようです。しかし，話し合いの進行の仕方，発言内容を指示したり発言を整理し深めたりすることを意識して司会力を磨いていけば，深い話し合いを実現することにつながります。

内容と指導のポイント

● 話し合いに困った時に，どう行動したり発言したりすればよいか。
　　例を示すことで，実際に活動したりさらに工夫を加えて発言できるようにします。
● 話し合いが停滞した時の原因を見つけて解決しよう。
　　そのために「どうしてかな？」を意識した上で発言できるようにします。
● 話し合いは即時的で複合的。
　　話し合いはすぐに次の内容に移っていくので，ポスター&アップシートに示したアイデアを複合的に使うことができるように目標をもって取り組むようにしてください。

授業での活用アイデア

　常に教室に掲示し，学級会などのクラスでの話し合いはもとより，グループ学習での話し合いの時にも活用できます。ポスターに示されたアイデアを活用するだけではなく，年間を通じ，話し合う中で児童が経験した発言や行動をポスターに書き加えたり，アイデアとして続編のポスターが作られていくように活用することもできます。また，言葉を抜いて枠だけのワークシートを作り，児童に配布することで，オリジナルの「司会で困った時，どんな発言をすればうまく話し合いが進むか」マニュアルを作っていく活動にも活用できます。

困った時の話し合いの進め方

話し合いがうまく進まない。

みんなから意見が出ない。

話し合いで困った時こそ、司会の力を発揮しよう。
困ったら、原因を考えて、発言し行動しよう。

こんなとき　どうしてかな？　こうしてみよう

こんなとき	どうしてかな？	こうしてみよう
意見を出せない人がいる。	自分の考えを確かめる相手やまとめる時間が必要。	「友だちと考えを相談する時間をとります。」
意見がずれている。	なにについて話しているか分かっていない。	「話し合いのテーマを確認します。○○○について発言してください。」
意見がまとまらない。	意見が出しっぱなしになっている。	みんなの意見を整理し、確認をとってから、意見を求める。
みんなから意見が出ない。	意見が言いにくい雰囲気。	司会として短いユーモアのある話をスピーチし、発言しやすい雰囲気を作る。
だらだらした話し合いになっている。	同じ意見ばかり、時間の設定がない。	「このことについて意見を20秒で発言してください。」

（参考文献：井上一郎著『話す力・聞く力の基礎・基本』明治図書，2008年）

14. パネルディスカッションの仕方

教室掲示ポスター＆言語能力アップシートのねらい

調べたことやまとめたことについて討論する方法の一つである，パネルディスカッション（公開討論会）を挙げ，新しい討論の仕方を理解することをねらいとしたポスター＆アップシートです。

内容と指導のポイント

- パネルディスカッションは，異なる考えをもったパネリスト（討論者）が意見を述べ，パネリスト同士で公開討論をしたり，フロア（聴衆）から意見をもらったりしながら進めていく討論です。ディベートのように，賛成と反対とがはっきり分かれて行う討論とは違い，異なる意見をもった人同士で行うため，様々な意見を聞くことができます。討論の最後に結論を一つに絞る必要がなく，この活動を通して自分の考えを見直したり，深めたりすることができます。もちろん，課題によっては一つにまとめ上げることもあります。さらに，複数の意見をつなげて考えることによって，テーマに対して新しい考えや解決の糸口を見つけることができます。
- パネルディスカッションは，司会（コーディネーター）・パネリスト（討論者）・フロア（参加者）に分かれて行います。
- パネルディスカッションの進行例で大まかな流れを理解することができます。パネリストの意見交換の時には，司会者がそれぞれの意見をまとめていけるようにします。

授業での活用アイデア

パネルディスカッションは，一定の知識をもった段階でパネリストとなりますが，小学校では調べ学習をして知識を高めてからその役割をはたすことができるように準備します。フロアと一緒になってパブリックに話し合う力を養うので，いろいろな場面で活用します。

① 討論するテーマをクラスの中で決めます。
② テーマに沿った自分の考えをまとめ，同じ考えの人同士でグループを作ります。
③ 討論に向けて各グループで，自分たちの考えに合った資料を用意します。
④ ポスターを使い，パネルディスカッションの流れを確認し，実際に討論をします。

15. ポスターセッションの仕方

教室掲示ポスター&言語能力アップシートのねらい

　高学年には，公開討論の様々な形を経験し，対話力を身に付けさせます。中でも，発表者と参加者の距離が近いポスターセッションは，小学生のうちにそのやり方を理解し，自分たちで運営できるようにさせます。また，パネルディスカッションなど他の公開討論との違いを知り，目的やテーマに応じて選択できるようにさせます。
　このポスター&アップシートでは，ポスターセッションの仕方を示すことで，児童の意欲を高め，実際に行う時のポイントが分かるようにしました。

内容と指導のポイント

● ポスターセッションとは，どのようなものかを示しています。これまでの経験の有無にかかわらず，改めて目的を押さえます。
● 次に，ポスターセッションの特徴について押さえます。パネルディスカッションやシンポジウムなどと比較して押さえることもできます。
● そして，実際のやり方について図で示します。これまで経験しているお店屋さんごっこを想起させることで，より進行のイメージがもちやすくなるでしょう。

授業での活用アイデア

○国語科

　物語文では，感想交流，読書討論会など，説明文では，読むことと書くことを関連させた意見文，調査報告文の発表・交流の形で，ポスターセッションを行うことができます。その際の導入や振り返りに本ポスター&アップシートを活用します。
　実際のポスターの書き方は次の通りです。
　① 目的や相手に応じて，伝えたいことをはっきりと表します。
　② 文字の大きさや形，色の使い方などを工夫して，見やすいものに仕上げます。
　③ ポスターの大きさや数も，考えて工夫します。

○社会科，理科，総合的な学習の時間

　これらの教科・領域でこそ，ポスターセッションのよさが発揮されると考えます。新聞づくりや単なる発表会に留まらず，対話的に質問や感想，意見の交流ができるポスターセッションを取り入れたいです。

ポスターセッションって何だろう

ポスターセッションの仕方を覚えて、発表してみましょう

 ## ポスターセッションとは

○公開討論の一つの形
○発表者　自分のコーナーにポスター（表やグラフ、図などの資料）を掲示。
　　　　　調べたことや意見、感想を発表する。
○参加者　自由に見て回る。
○目的　発表者と参加者が意見やアイデアを交換し合うこと。

 ## ポスターセッションの特ちょう

○一度にたくさんの人が発表できる。
○一人の人が何度も発表できる。
○参加者は、自分の好きなコーナーに行ける。
　いろいろなコーナーに行ける。　細かい質問ができる。

 ## 会場全体の様子

16. インタビューをいかそう—インタビューの引用

教室掲示ポスター＆言語能力アップシートのねらい

このポスター＆アップシートは，インタビューしたことを文章に入れる時に，インタビューしたことのどのようなことをいかせばいいのかを説明したものです。インタビューしたことをいかす時には，インタビューされた人の言葉を引用するのか，それとも言葉は引用しないのか，大きく二つに分かれます。それらの例と，注意点をまとめました。

内容と指導のポイント

●インタビューされた人の言葉を引用する時

　インタビューされた人の言葉をいかす時には，「○○さんは，『……』とおっしゃいました」「『……』と言われた○○さんは」などと言葉を引用します。

●インタビューされた人の言葉を引用しない時

　言葉ではなく，その人の考え，ものの見方，表現の仕方などをいかすこともできます。例えば，「○○さんは，～という考えで」「～という考えの○○さんは」「○○さんは，怒ったように」「にこにこしながら○○さんは，」「○○さんは，はじめに説明をし，次に紹介をされました」などと要約や要点だけを使って書くことになります。

●インタビューしたことを文章に入れる時に注意すること

　注意点として３点挙げました。インタビューは話し言葉なので，そのまま言った通りに書かず，要約をしたり，省略した言葉を補ったり，主語と述語を整えたりすることが大切です。また，難しい言葉には，「注」を付けましょう。本やパンフレットなどからの情報がある場合には，出典を示しましょう。

授業での活用アイデア

　国語，社会，理科，生活科，総合的な学習の時間などにおいて，実際にインタビューをして，それをどのようにいかすのかを行う授業などが考えられます。例えば，「インタビューしたことを人物紹介にいかそう」「地域の○○について，新聞にまとめよう」などという単元が考えられます。

インタビューをいかそう

言葉を引用する

インタビューされた人の **言葉** をいかす。

〈例〉
- □〇〇さんは、「……」とおっしゃいました。
- □「……」と言われた〇〇さんは、　　など

言葉を引用しない

インタビューされた人の
考え
ものの見方
表現の仕方
など をいかす。

〈例〉
- □〇〇さんは、〜という考えでした。
- □〜という考えの〇〇さんは、
- □〇〇さんは、おこったように
- □〇〇さんは、始めに説明をし、次に紹介をされました。　など

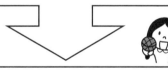

インタビューのいかし方には二つあるね。

文章に入れる時に注意すること
- □インタビューしたことを言ったとおりに書かない。
- □注を付ける。
- □出典を示す。　　　などがあるね。

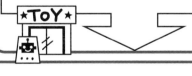

（参考文献：井上一郎著『話す力・聞く力の基礎・基本』明治図書，2008年）

第3章 「書くこと」の能力を高める！教室掲示ポスター＆言語能力アップシート

1. 書くことのプロセスを知ろう

教室掲示ポスター＆言語能力アップシートのねらい

　書けない児童を書けるようにするためには，どのような順番で，どのように書けばよいかが確かになっていなければなりません。そのために，このポスター＆アップシートは基本となる書くことのプロセスを示しています。（表現様式については，第1ステージの3で紹介する観察記録文をはじめ，他のポスター＆アップシートで紹介します。）

内容と指導のポイント

●実際に「書く」ということにポイントを絞っています。
　第1ステージということで，学習課題の設定や交流，評価といった一連の指導過程ではなく，第2次に絞ったものにしています。最初の列車に「目的を決める」ことを示しています。
●プロセスが「調べる」ことからスタートしています。
　「調べる」というのは取材のことであり，資料で調べることだけではなく，思索（予想や帰納，類推，演繹など）することや行動（インタビューや体験，実験・観察など）することも含まれます。
●書いた文章は必ず推敲する習慣が身に付くようにと考えました。
　「書きっぱなし」にならないように，「読み返して直そう」「清書しよう」をプロセスに入れています。

授業での活用アイデア

　表現様式上のモデル学習をして完成した文章をイメージしてから，このポスター＆アップシートを使って実際に学習を進めていきます。はじめは「調べる（取材）活動」です。ポイント解説でも述べましたが，いろいろな取材方法があります。経験報告文の場合は，体験することが取材であり，観察記録文ならば観察が取材となります。次に調べたことをもとに「書く順番（構成）」を考えます。この時，表現様式に応じていくつかの構成モデルを提示するとよいでしょう。そして，実際に書いていきます。書けたら，読み返して直します（推敲）。推敲では，文字（漢字や送り仮名など）の間違いがないかだけではなく，「文の長さは適当か」「主語と述語は正しいか」や，「自分の考えが読み手にきちんと伝わるか」などの表現方法等についてもチェックするようにします。そして，推敲したあとはまた，取材，書く，推敲といった一連の活動を繰り返し，最後に清書をします。

2．説明文を書いてみよう

教室掲示ポスター＆言語能力アップシートのねらい

　説明文は，理由や働き，仕組みなどを読み手のニーズに応えて，分かりやすく述べたものです。低学年においては，身近なものごとを取り上げて，その特徴に沿って説明する順序を考えながら，形状や様子，働きなどを簡単な文章に書くことが求められています。
　そこで，説明文にはどのような種類があるか，どのような構成と表現で書けばよいかを示しました。まず，「はじめ－なか－おわり」の構成で書くことをつかませます。「はじめ」における問題提起や誘いの言葉を受けて「なか」で具体的に説明し「おわり」に問題提起の答えがあるという内容も分かるように示しました。「なか」の部分が単純な「問い－答え」を繰り返すものから次のステップにスムーズに進めるようになっています。

内容と指導のポイント

- 「せつめい文のしゅるい」では，例示を省いてあります。何を説明するかという目的によって，4種類取り上げています。実際の学級での学習や教科書の教材に即して，例示を行います。それぞれの目的の具体が分かるように工夫します。
- 「書きかたのポイント」は，構成と記述の仕方を取り上げています。「はじめ」では，取り上げる対象，問題提起等について書きます。「なか」では，説明することに合わせてつなぎ言葉や書き方を例示します。指示語，接続語等，語と語や文と文を適切につなぐ言葉にも注目させましょう。「おわり」では，問題の答えやまとめをします。

授業での活用アイデア

　例えば，「○○の作り方のせつめい書を作ろう」といった単元で活用できます。
　自分で作ったおもちゃを，本や既製の説明書に頼らず自分で再構成して書けるようにする単元です。

① ポスター＆アップシートをもとに，題材の決め方や説明文のおおまかな構成を知ります。
② おもちゃの材料や作り方，遊び方を書き出します。
③ ポスターやモデル文を参考に，作り方の手順を説明するためのつなぎ言葉や一文一文の書き方を学び，「なか」の部分を書きます。
④ おもちゃの写真を付けて，説明書を完成させます。
⑤ 友達と交流します。学習全体を振り返ります。

せつめい文を書いてみよう

はじめーなかーおわりのかたまりでせつめい文を書いてみよう。

★せつめい文のしゅるい

 はたらきを しらせる

 じゅんじょを しらせる

 しゅるいを しらせる

 わけを しらせる

★書きかたのポイント

 だいめい

よむ人がよんでみたいな、おもしろそうだなとかんじるように書こう。

どう書けばいいかおしえるね。

はじめ

とりあげたものについて書こう
・せつめいするものの名前や、とりあげたわけ

もんだいをだそう
・といかけの文で書く。
　れい 「なぜ、〜なのでしょう」
・といかけの文を書かない。
　れい 「かんがえてみましょう」

なか

もんだいについてせつめいを書こう
・はたらきをせつめいする。
　れい　かたちやすがたをせつめい→そのはたらきをせつめい
・じゅんじょをせつめいする。
　れい　まず、つぎに、それから
・しゅるいをせつめいする。
　れい　一つ目は、二つ目は、三つ目は
・わけをせつめいする。
　れい　「〜ので、〜」「〜ためです」

ここがいちばんだいじ。

おわり

もんだいのこたえやまとめを書こう。

（参考文献：井上一郎編著『記述力がメキメキ伸びる！小学生の作文技術』明治図書，2013年）

3．観察記録文はこんなふうにまとめよう

教室掲示ポスター＆言語能力アップシートのねらい

　児童は，植物や動物など生き物を観察する機会がたくさんあります。観察したあと，観察記録文を書いておくと，あとで成長・生長過程を振り返ることができて便利です。このポスター＆アップシートでは，観察記録文にどんなことを書けばよいのかを知り，観察記録文を書くことができるようにすることがねらいです。

内容と指導のポイント

- 上段には，二つの観察記録文のモデルを載せています。右側はアサガオ（植物）の観察記録文，左側はモンシロチョウの幼虫（動物）の観察記録文です。モデル文からどんなふうに書けばよいのか，児童がイメージできるようにしました。
- 下段には，観察記録文の文章構成を載せています。観察記録文の「はじめ」「なか」「おわり」に，それぞれどんなことを書けばよいのかを示し，上段のモデル文の罫線の種類と色で分かるようにしています。
- 児童の興味を引くように，忍者のキャラクターを入れています。キャラクターが，よりよい観察記録文を書くためのヒントを示します。文末表現を工夫したり，具体的な数字を入れたり，みんなが知っていそうなものに例えたりすることで，より詳しく読み手に伝えることを学ぶことができます。

授業での活用アイデア

　生活科の学習で「アサガオ」などの観察をした時や，理科の学習で昆虫などの動物や植物の観察をした時，社会・総合の学習で「米作り」をした時など，観察記録文にまとめて記録しておくと成長過程を振り返るときに役立ちます。また，夏休みの自由研究などにいかせるように，夏休み前に観察記録文の書き方を学習するのもよいでしょう。

観察記録文はこんなふうにまとめよう

植物や動物を観察したあと、どのように記録しておくとよいのでしょう。観察記録文の書き方をマスターしましょう。

アサガオの花がさいたよ

七月十三日、よく晴れた天気です。朝学校につくと、アサガオの花がさいていました。

たねをまいてから、毎日、水やりをしています。きのうまでは、つぼみだったので、花がさいていて、びっくりしました。花の色は、むらさき色です。花の大きさは、手のひらぐらいです。そして、新しいつぼみも二つありました。もうすぐさきそうです。

次は、どんな色の花がさくのか、とても楽しみです。

二つのれいを見てみよう！どんなことが書かれているかな？

モリモリ食べる元気なよう虫

五月三日、おばあちゃんのキャベツ畑でモンシロチョウのよう虫を見つけました。家でそだててみようと思いました。

虫かごにキャベツを入れて、一週間そだてました。よう虫は、キャベツをモリモリ食べて、二センチメートルから、四センチメートルになりました。

このよう虫が、どうやってチョウにへんしんするのか、ふしぎです。チョウになるところを早く見たいです。

観察記録文に書くといいこと！

おわり	なか	はじめ	
・観察して分かったこと ・思ったこと ・発見したこと ・考えたこと 　　　　　　など	・様子（くわしく） ・どのように変化したか 　　　　　　など	・観察した日・曜日・天気 ・場所 ・観察したものの名前 ・観察方法 　　　　　　など	題名

文のおわりは、
・気がつきました。
・見つけました。
・分かりました。
・〜しそうです。
　　　　　　など

数字を入れたり、読む人が知っていそうなものにたとえたりするといいです。
・〜みたいな
・〜とにた
・〜より大きい
　　　　　　など

（参考文献：井上一郎編著『記述力がメキメキ伸びる！小学生の作文技術』明治図書、2013年
　　　　　　井上一郎編著『小学校国語「汎用的能力」を高める！アクティブ・ラーニングサポートワーク』明治図書、2015年）

4．経験したことをまとめておこう

教室掲示ポスター＆言語能力アップシートのねらい

　児童は，学校行事や学習，生活の中で，「うれしかったこと」「楽しかったこと」「くやしかったこと」など，様々な経験をします。経験を書きまとめておくと，自分の変化や成長に気付いたり，次の機会にその経験を生かしたりすることができます。その経験をまとめる時の「経験報告文」の書き方を学ぶためのポスター＆アップシートです。どのように文章を組み立てるのか構成を捉え，どのような表現を使って書くとよいかを学びます。

内容と指導のポイント

● 経験報告文のモデル文をもとにして，文章の構成や表現の工夫など書き方を学びます。
　「経験報告文」とは，どのような文章かが分かるように，モデル文を示しています。
● 文章の構成については，「はじめ」「なか」「おわり」のまとまりで，組み立てを考えます。
　モデル文は，「はじめ」に「伝えたい出来事や気持ち」，「なか」に「そのときの詳しい様子」，「おわり」に「思ったことやこれからしたいこと」を書いています。題名は，一番伝えたいことを工夫して付けるようにします。
● 表現の工夫については，様子や気持ちを詳しく表す時の語彙を学びます。
　「様子を詳しくする言葉」「気持ちを表す言葉」の例を示しています。会話や比喩，数字などを書くと，その時の様子がよく分かります。また，気持ちを表す言葉はたくさんあるので，使った言葉を増やしていくとよいでしょう。
　経験報告文を書く時には，どんな内容について書くかを決め，取材をすると，詳しく書くことができます。写真を見たり，友達や家の人，先生と話をしたりして様子を振り返るとよいでしょう。また，誰に読んでもらいたいのか報告したい相手を意識して書くことも大切です。

授業での活用アイデア

　運動会や学習発表会などの学校行事のあとに楽しかったことを書く，学習や生活の中で頑張ったことを書くなど，その時の様子や気持ちをまとめる学習が考えられます。また，年度の終わりに，一年間を振り返って一番心に残っていることについて書くこともできます。その時に，このポスター＆アップシートを活用してください。

経験したことをまとめておこう

「うれしかったこと」「たのしかったこと」
こころにのこるできごとをまとめましょう。

だい名
・一ばん伝えたいこと

はじめ
・伝えたいできごとや気持ち　など

なか
・くわしいようす
★いつ　どこで　だれと　何を　どのようにした
★そのときの気持ち
★会話　など

おわり
・思ったこと
・これからしたいこと　など

こんなふうにまとめよう！

さか上がりができたよ
　　　　　　いまい　ゆうき

　ぼくは、体いくのてつぼうが大すきです。毎日れんしゅうをして、さか上がりができるようになりました。うれしくてうきうきしています。
　はじめは、足が上がりませんでした。くやしくて、休み時間に、ともきくんといっしょにれんしゅうをしました。ともきくんは、さか上がりがとてもじょうずです。
　①「どうしたら、足が高く上がるの。」
と聞くと、
「足を上げるときに、走るように、いきおいをつけるんだよ。②おなかをてつぼうにつけるみたいにするといいよ。」
とやさしく教えてくれました。
　れんしゅうをしたら、やっとできるようになりたくて、毎日三十回れんしゅうをしたら、やっとできて、
「やったぁ。できた。」
と、二人でよろこびました。
　さいごまであきらめずに、がんばってよかったです。つぎは、ちきゅうまわりができるようになりたいです。

ようすをくわしく書こう！

ようすをくわしくすることば
①会話（話したこと）
②たとえ（～みたい・～のよう）
③どれくらいか（回数・大きさ・強さ）など

気持ちをあらわすことば
☆うきうきした　★がっかりした
☆どきどきした　★くやしかった
☆わくわくした　★しゅんとした
☆かんどうした　など

どんな気持ちがしたかな。

（参考文献：井上一郎編著『小学校国語「汎用的能力」高める！アクティブラーニングサポートワーク』明治図書，2015年
井上一郎編著『記述力がメキメキ伸びる！小学生の作文技術』明治図書，2013年）

5．案内状は分かりやすく書こう

教室掲示ポスター＆言語能力アップシートのねらい

　このポスター＆アップシートは，手紙の一つである，案内状の様式を知ることがねらいです。そのため，モデルを示して注意する点を明記しました。書いたあとは自己評価ができるように，チェックする項目を設けています。

内容と指導のポイント

- 案内状では目的や相手によって，挨拶や内容の詳しさ，言葉遣いなどが変わってきます。そのため，書く前に目的や相手意識をもたせるようにしましょう。例えば，総合的な学習の時間で学習したことを発表する会に学習でお世話になった地域の方を招待する場合には，「朝，吐く息が白く見えるようになりずいぶん寒くなってきましたが，お元気ですか。いつもぼくたちの学習を手伝ってくださり，ありがとうございます。」と季節にあった挨拶のあと，相手の体調や様子を伺う言葉，日頃の感謝の言葉とつなげていきます。しかし，保護者を招待する場合に「お元気ですか。」では合いません。また，同じ相手でも，図書館祭りに招待する時と，音楽発表会に招待する時では，目的の説明，取り組みの内容，言葉遣い，挨拶などが変わってきます。
- 案内状を出す目的の例としては，図書館祭りの開催を知らせる，音読劇の発表会の開催を知らせ招待する，感謝の気持ちを伝える会に招待するといったことが考えられます。それぞれの目的に合わせて，他学年や先生方，保護者や地域の方，学習でお世話になった方など，案内状を出す相手も変わってきます。
- また，招待状の役割も果たしているため，日時（年・月・日・曜日・時間や校時），場所，内容（主にどのようなことをするのか）を落とさずに書くことが必要です。

授業での活用アイデア

　授業の中で全員に書かせる場合は，ポスター＆アップシートを使って案内状の様式を確認したあと，まず一人で書いてみます。それからグループでチェック項目をもとに，アドバイスをし合い，よりよいものに書き換えさせます。
　また，モデルは，保護者や地域の方たち向けの文章ですが，学校内で下級生に案内状を出す時には，それに合った内容や言葉遣いに変わってきます。目的や相手によって，どのように変わるかを書き換えてみて実感させるという授業も考えられます。

案内状は分かりやすく

案内状とは、自分たちが取り組んでいることをお知らせしてかくにんしてもらったり、その取り組みに参加してもらうためにしょうたいしたりする時に出す手紙です。

平成28年10月10日

○○　○○様

　　　　　　　　○○小学校　4年　木村　太郎

　　　　　　○○小学校音楽発表会のご案内

　コスモスがゆれて、秋を感じる季節になりました。お元気におすごしですか。
　先月の運動会では、みんなが一つになって取り組み、じゅうじつした気持ちを味わうことができました。みんなで何か一つのことにちょうせんしたいという意見が出ました。そこで、今度は、げいじゅつの秋に合わせて、3・4年生で音楽発表会を開くことになりました。この日のためにクラスのみんなと練習をがんばっています。本番は、心をこめて発表したいと思います。
　おいそがしいでしょうが、ぜひ音楽発表会に来てください。待っています。

　日時　　平成28年10月28日（金）10時30分～
　場所　　○○小学校　体育館
　内容　　4年　合そう「エーデルワイス」
　　　　　　　合しょう「ゆかいに歩けば」
　　　　　ほか　3年生からの合しょうや合そうの発表

心がまえ　その1

あいさつ
書き出しに「季節のことば」を入れることが多い。季節に合った言葉を書こう。

心がまえ　その2

案内
目的、がんばっているところ、見どころ、おさそいなどを書こう。

心がまえ　その3

日時、場所、内容
地図やれんらく先を入れると、さらに分かりやすい。プログラムがあれば、全体のプログラムもいっしょに送ろう。

書いたら
かくにん

- 日時、場所、内容はわすれずに書いているかな。
- 目的がはっきり分かる文章になっているかな。
- 相手の人に合った言葉づかいができているかな。

6．学級新聞を編集しよう

教室掲示ポスター＆言語能力アップシートのねらい

　このポスター＆アップシートは，グループで学級新聞を書くことをイメージしています。編集会議を重ねながら，みんなで協力して新聞を書き上げることはとても楽しい活動です。新聞作りは，編集力を高める重要な言語活動です。社会科や総合的な学習の時間に学習した内容をまとめたり発表したりする新聞や，委員会や児童会活動での新聞の発行，学級での壁新聞や読書新聞など様々な場面で新聞を書く活動が行われています。

内容と指導のポイント

●4～5名のグループで活動しよう。
　責任をもって一人が一つの記事を書きます。いろんな記事が集まって新聞になること（編集していること）を感じながら新聞作りを進めます。
●新聞作りの進め方
　このポスターは新聞を書いていく時の流れの基本として年間を通じて掲示します，実際に新聞を書いていく時には，記事文の書き方を学習したり，割り付けにもいろいろな方法があることを学習したり，見出しの付け方を学習したりしましょう。
●2回の編集会議
　編集会議という言葉の響きも大切にしたいものです。新聞を作る時のテーマや役割分担をみんなで話し合って決めていく話し合いを新聞作りのプロセスの中に位置付けます。

授業での活用アイデア

　新年度が始まり最初に新聞作りをする単元や機会を捉え，ポスター＆アップシートを使って，大まかな新聞の作り方の流れを復習したり確認したりします。そして，学級新聞や係活動としては，児童がこの手順を踏まえながらいつでも新聞を書くことができるように環境を整えたり活動の時間を保障したりしておきます。一方，学習単元においては，見出しの付け方に特化して学習したり，一つの事柄を記事にする方法について学習したり，取材する方法や取材したことをどのように記事に書くかということを学習したりしながら，それぞれの学習の時にシートを活用し，新聞作りのこの部分のことを学習しているということを確かめていくようにします。

みんなで学級新聞を書こう

①

新聞を作る流れをみんなで確かめよう。

新聞作りの流れ
① 第1回へん集会議
② 取材活動
③ 第2回へん集会議
④ わりつけ
⑤ 記事を書く・写真を選ぶ
⑥ 完成・発行
（掲示する・印刷して配布する）

②

へん集会議をしよう。

第1回へん集会議で
決めよう
① どんな新聞にするか。
② 何について取材するか。
③ だれがたん当するか。

③

取材しよう。

第2回へん集会議で
決めよう
① 取材の内容を報告。
② どの記事をどのくらいの分量にするか。
③ わりつけを決める。

④

取材をしたらへん集会議をしよう。

⑤

「わりつけ」はどんなことをするの？

「わりつけ」
見出しや記事をどこに書くか、写真や絵をどのくらいの大きさにしてどこに配置するかなどを決めよう。

新聞のページを「面」とよびます。大人の新聞は、朝刊で30から40面ぐらい、子どもの新聞は8面ぐらいです。1面新聞からはじめて、4紙面ぐらいの学級新聞に挑戦しよう。

「わりつけ」の方法、「題字（新聞名）・見出し・きじ」の書き方は、インターネットや図書館の本に例がたくさんあります。

7. 調査報告文は事実に基づいて書こう

教室掲示ポスター＆言語能力アップシートのねらい

　このポスター＆アップシートは，調査報告文を書く時に気を付けることを構成に合わせて示しています。第2ステージでは，ひとまとまりの調査報告文を初めて書く児童が，構成や様式をイメージできるようにしています。調査報告文を書く時に必要な知識は以下の通りです。

A　文章構成の知識…調査報告文の様式と構成（書き出しの言葉や接続語，文末の言葉）
B　表現形式の知識…見出しや箇条書き，表，グラフ，図等の資料の活用
C　言語表現の知識…引用表現や文末表現の工夫（事実と意見の書き分け）

内容と指導のポイント

●調査報告文は，事実に基づいて自分の考えをまとめることが大切です。
●調査のきっかけには，「不思議だ」と思わせるような現象や出来事などの事実があり，調査の方法には，アンケート，インタビュー，現地調査等，があります。調査結果を「事実」として受け止められるように，目的に応じて，写真や絵，図や表，グラフなどに編集したり，小見出しを付けたり，箇条書きしたりして書きます。また，事実と意見を書き分けたり，引用を明らかにしたりして，考察，調査のまとめ等を記述します。
●特に気を付けたいことは，調査結果から考察を導く過程です。メモや写真，録音等を記録します。また，図や表，グラフなどにデータとして整理します。例えば，量の違いを比較したい時には棒グラフに，変化や傾向を見たい時には折れ線グラフに，割合の違いを比較したい時には円グラフや帯グラフというように，目的に応じて調査結果をグラフに編集することができます。これらの事実から「分かったこと」を言葉で取り出すように記述した上で，必要な事実を選択して整理・要約し，それらをもとに目的に照らして考察し，第2，第3の調査につなげていきます。最後に，まとめや調査の振り返り，今後の展望などを書きます。

授業での活用アイデア

　調査報告文を書くという学習活動は，すべての教科等で使用可能です。具体的には，社会科の工場見学報告，インタビュー報告等が考えられます。国語科では，言語生活の実態調査を行って考えをまとめる調査報告文を書く単元や，図書室の利用状況調査を行って提案をする単元などが考えられます。高学年では，自然科学の調査報告文を書く学習も考えられます。

調査報告文は事実にもとづいて

調査報告文を書く時は、どんなことに気を付けたらいいのかな？

事実にもとづいて書くことに気を付けます。

調査のきっかけ、目的

のもとになる事実
「なぜだろう」
「不思議だなあ」
「もっと知りたい」
と思うこと

はじめ
- 調査のきっかけ、目的
- 調査方法（調べ方）

調査方法（調べ方）
・アンケート
・インタビュー
・現地調査
などがあります。

なか1
第一 調査結果 →事実の記述
→事実の選択・整理・要約→考察

なか2
第二 調査結果 →事実の記述
→事実の選択・整理・要約→考察

調査結果
→集計表、メモ、写真、録音等
→目的に応じたグラフや表に整理する
→「分かったこと」を言葉で記述する
→目的に応じて事実を選択・整理する
→目的に照らして要約する→考察

おわり
・まとめ・調査のふりかえり
・今後の展望（これからについて）

事実や分かったことや自分の考えなどを書き分けることが大事！

事実をもとにして書くと分かりやすいんだね！

（参考文献：井上一郎編著『小学校国語「汎用的能力」を高める！アクティブ・ラーニングサポートワーク』明治図書, 2015年）

8. 資料を使った説明文の書き方―図表・グラフ・ポスター

教室掲示ポスター&言語能力アップシートのねらい

収集した情報を図・絵,表,写真,グラフ,ポスター等を使って分かることや考えをまとめたり,他の人に説明したりするための文を書くためのポスター&アップシートです。

内容と指導のポイント

●説明文を書く時に,資料を使うとどのような効果があるかということを示しています。説明文の目的に合わせて,図・絵,表,写真,グラフ,ポスターから効果的な資料を選択します。

●資料を使う時に,二つの使い方があります。一つは,自分の考えを聞き手に対して分かりやすく説明するためのものです。もう一つは,自分のために資料から分かる事柄を読み取り,考えをまとめるためのものです。資料から読み取れる事柄を書き,その事柄から考えたことをまとめ,説明文にします。図・表・グラフの読み取りのポイントを掲載しているので,それを見て事実をまとめます。

●最後に,効果的に資料を見せるための説明の仕方を示しています。

> ・資料を先に示して説明する。
> ・自分の考えを先に示し,その根拠として資料を使う。
> ・資料を対比させて,説明する。
> ・図・絵,写真等の資料にキャプションを入れる。

●自分の考えを聞き手に分かりやすく伝えるために,資料を効果的に使えるようにしていきましょう。

授業での活用アイデア

調べたことを図・表やグラフ等に表して説明する国語科学習で使用します。また,資料から読み取れる事柄から自分の考えを書く学習でも活用できます。

社会科,算数科,理科等で資料を読み取る時に,このシートを見て,資料から読み取れる事実をまとめることに活用できます。

総合的な学習の時間で,調べたことを図・表・グラフ・ポスター等を使って分かりやすく伝える学習の時に使います。

資料を使った説明文を書こう

説明文を書く時に資料を使うとこんなよいところがあるよ。

イメージしやすい。

整理してくらべる。

写真

ようすがよくわかる。

グラフ

データの特ちょうがわかる。

ポスター

調べたことの大切なことをつたえる。

資料で自分の考えを表現

資料から分かることを考える
①何を表しているか　④一番多いものは？
②同じところは？　　⑤一番少ないものは？
③ちがうところは？　⑥変化は？　順位は？。

→ 考えをまとめる。

効果的に資料を見せ、説明するにはどうするの？

資料を先にしめす
この表を見てください。
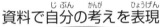
……ということがわかります。

自分の考えを先にしめす
ぼくは、…と考えました。
そう考えた理由を話します。
次のグラフを見ると、
……だからです。

資料をくらべる

…と…をくらべてみましょう。
Aは、…Bは…ということがわかります。

けんか顔

資料にキャプションを入れるとわかりやすいね。

（参考文献：井上一郎編著『話す力・聞く力の基礎・基本を育てる―小学校―』明治図書，2008年）

9. 自分の考えを自分の言葉で表現しよう

教室掲示ポスター&言語能力アップシートのねらい

100～200字くらいの短文で，自分の考えを自分の言葉で表現する時のポイントを示したポスター&アップシートです。四つの手順と注意点をポイントとして示しました。

内容と指導のポイント

●自分の考えを自分の言葉で表現する時の手順
① 目的（何のために書くのか，いつ，誰に書くのか　など）を決めましょう。
　例えば，「○○会に参加していただいたお礼を伝えるために，学校で，地域のボランティアの方にお礼文を書く」というようになります。
② 文章の様式（理由説明，要約，意見，感想，紹介，報告　など）を決めましょう。
　目的によって，文章の様式を決めると，構成や使う言葉なども決まります。例えば，「地域の方へお礼を伝えるためなので，様式はお礼文」となります。
③ 解決する手順に合わせて書きましょう。
　読んで表現するのか，経験を生かして表現するのか，解決して表現するのかなどを考えましょう。
④条件に合わせて書きましょう。
　条件というのは，書く字数や手順，書く時間，箇条書きの有無，数値の有無，入れなければならない言葉の有無などに合わせて書くことです。
●分かりやすい文章に整えましょう。
　文の長さは，平均40字くらいで書く，主語と述語を考える，接続詞でつなぐなどが注意点です。

授業での活用アイデア

国語科，社会科，生活科，総合的な学習の時間など，いろいろな時間で活用ができます。例えば，招待状，意見文，紹介文を書いたり，要約文を書いたりする時にも使えます。

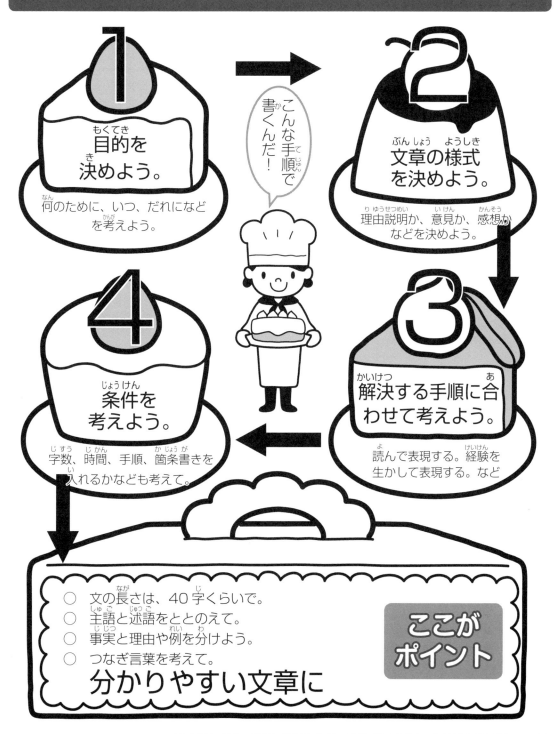

10. 説得力のある意見文の書き方

教室掲示ポスター&言語能力アップシートのねらい

　説得力のある意見文を書くためには,「意見文の構成分析」や「筆者の考えを捉える」力と「自分の意見を効果的にまとめる」力が必要となります。そこで,モデル文を示して,「文章の構成」「冒頭部・展開部・終結部での内容」「意見の主張の仕方」「表現の工夫」等が具体的に分かるようにします。

内容と指導のポイント

- 文章の組み立ては三部構成で書きます。
- 「尾括型」「頭括型」「双括型」で書くことができます。
- 分かりやすくするために,具体的にすることが鍵となります。
- 資料からの引用,実際の事例等を挙げること,それを図表やグラフで表すとより具体的になります。
- まとめの意見は,言い切ります。
- 最後は,自分がこれからどのような行動をとるのかを言い切ると,読み手に強い印象を与えることができます。

授業での活用アイデア

　例えば,国語科では,次のような単元に活用できますが,各教科等で意見文を書く機会は多いので広く活用できます。

国語
5年生　「異常気象問題から,自分の暮らし方を考えよう」
　単元の目標　○意見文を書く目的を明確にし,表・グラフの資料を用いて書こうとする。
　　　　　　　○グラフや表などの資料から,自分の意見に説得力をもたせるものを二つ以上選択し,適切な表現を用いて意見文を書くことができる。

6年生　「自然に学ぶ新しい暮らし方を意見文で友だちに伝えよう」
　単元の目標　○意見文を読み,文章の内容を的確に押さえ,筆者の考えを比べながら自分の考えを明確にすることができる。
　　　　　　　○資料で収集した事例を挙げながら意見文を書き,互いの意見を交流することができる。

「書くこと」の能力を高める！　教室掲示ポスター＆言語能力アップシート　第3章

第3ステージ

説得力のある意見文を書こう

「説得力」＝読み手が納得する意見文にするために効果的な書き方を知ろう

「説得力」とは、「読み手を納得させ、行動をしてもらう力」のことです。自分の主張を分かりやすく伝え、納得してもらうために、構成、文章表現、資料やグラフ・表の引用等、いろいろな技を身に付けましょう。

終結部	展開部	冒頭部	題名
○結論・展望 ・文章を通して自分が一番伝えたいことについて、重ねて主張する。 ※考えや願い・行動に移したい意思	○主張と説明 ・指摘したい現状とそれへの主張 ※最初に、他の視点で、次に自分の立場を順に記述 ※具体的な情報を示す。 ※引用をする場合もある。 ・異なる意見や他の事実と反論 ※反対の立場に理解を示し、一方的な意見の押し付けではないことを表す。	○現状認識 ・具体的な情報での問題把握 ※「自分が経験した場面」 ※「見聞きしたもの」 ○問題提起 ・問いかけの文	

（本文例・縦書き、右から左へ）

「六年生の皆さん、もっと本を借りませんか」

夏休み後、私がやっている図書委員会で、六年生の図書館利用者が減っていることに気づいた。そこで、調査をしたところ、夏休み前に比べて、貸し出し冊数も四割も減少したことがわかった。増えている学年もあるのに、六年生は、なぜ減って…

六年生にアンケートをとってみたところ、次のような理由があがった。

確かに、高学年は休み時間も委員会活動やその他の活動の準備などでいそがしく、本を読めないという意見もある。

A氏は著書「〇〇」で、「読書活動は、子…

私は自分の心を豊かにするためにも、もっと高学年は本を読むべきだと思う。図書委員として、移動図書館をつくり、忙しい高学年におすすめの本を手にとってもらい、実際に借りて読む人が増えるようにするつもりである。

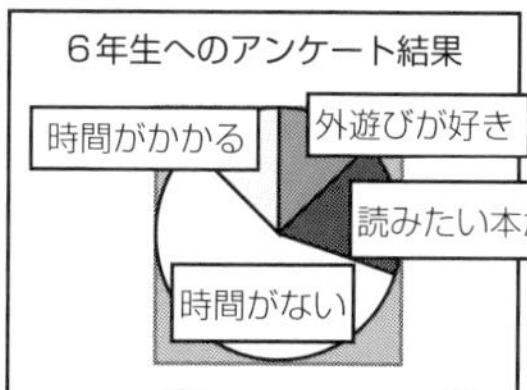

6年生へのアンケート結果（円グラフ）
- 時間がかかる
- 外遊びが好き
- 読みたい本がない
- 時間がない

説得力① 文章の組み立ては冒頭部・展開部・終結部の三部構成にしよう。
- 頭括型、尾括型、双括型

説得力② 意見を一言で言い表す言葉を題名につけよう。
- メッセージ
- 問いかけ

説得力③ 効果的な事例をいくつかあげよう。
- 事例に合う表し方を選ぶ
- 事例（具体例、調査結果等）

説得力④ 事例のデータを図表・グラフ等で示そう。
- 引用もあり。

説得力⑤ 反対の意見を取り上げて、自分の意見を際立たせよう。

説得力⑥ 自分の考え、実際に行動したいことを最後に書こう！
- 具体的に
- 前向き・言い切り

・説得力のある意見文を書くためには、意見文を読んで構成の分析や筆者の考えを捉えることが大切です。

（参考文献：井上一郎編著『記述力がメキメキ伸びる！小学生の作文技術』明治図書，2013年
井上一郎著『誰もがつけたい説明力』明治図書，2003年
井上一郎編著『書く力の基本を定着させる授業』明治図書，2007年）

11. パンフレットやリーフレットの作り方

教室掲示ポスター&言語能力アップシートのねらい

　数枚の紙で冊子にする「パンフレット」と，1枚の紙を折って作る「リーフレット」についてのポスター&アップシートです。両者には，対象のよさを伝えるために言葉と図表を効果的に配置して作成するという共通点があります。このシートでは，いかにパンフレットやリーフレットを構成・記述していくかを三つのポイントに沿ってガイドします。

内容と指導のポイント

- 【Ⅰ構成】目次を作ろう／コマ割りを工夫しよう

　取材したことをもとに，どう伝えればよいのか構成を考えます。その際，目次を作ることで何ページのパンフレットになるのか，どういう折り方のリーフレットにするのかなどを考えます。

- 【Ⅱ言葉】見出しを作ろう／文章を作ろう〜

　【Ⅲ図表】絵や写真を使おう／行やグラフを使おう

　決まったコマ割りに文字数や大きさを考えた見出しを付け，文章の内容を考えます。この時，どのような図表を用いるかを同時に検討することで，言葉と図表が互いに相乗効果を生むことができます。便宜的にⅡ，Ⅲと二つに分けていますが，むしろ並行して考えられるものです。

授業での活用アイデア

　国語科や総合的な学習の時間の単元として行う時には，グループで協力して構成を考えたり，役割を分担したりすることで，協働的な学習の一助として活用することが期待されます。プロの作ったパンフレットやリーフレットを参考にするために，収集したものをグループやクラスで共有するのも効果的です。その後は，いろんな教科で学習をまとめる際の一つの方法として選択できるように，このシートを目のつくところに掲示しておくのもよいでしょう。

パンフレットやリーフレットの作り方

数枚の紙で冊子にするのが「パンフレット」、
1枚の紙を折って作るのが「リーフレット」です。

I 構成

目次を作ろう
伝えたい内容を読み手に伝わりやすい順番で！

コマ割りを工夫しよう
文字や図表の大きさ、効果的なならべ方を考えよう！

赤レット

リーフレット 〜紙の折り方〜

三つ折りでも下のような折り方があるよ。

ほかにもいろんな折り方があるので、自分でリーフレットを集めて研究しよう。

II 言葉

見出しを作ろう
読み手の目を引くように、タイトルや小見出しの言葉を考えよう。

文章を作ろう
図表と合わせて短く読みやすい説明に！

青レット

キャラクターに説明させるのもおもしろいね。

III 図表

絵や写真を使おう
一部を強調するアップにするか、全体を見せるルーズにするか考えてね。

表やグラフを使おう
いろんな資料を使えるとレベルが高く見えるよ！

黄レット

12. 説明の言葉―記述力

教室掲示ポスター&言語能力アップシートのねらい

　このポスター&アップシートは，説明文や報告書，意見文，調査報告書など，自分の書いた文章に説得力をもたせるためには，どのような説明の言葉を使うとよいかを知り，実際に書く活動へつなげていくことをねらいとしています。

内容と指導のポイント

●相手に説明し，分かってもらったり，説得したり，行動を喚起するという表現様式を意識した文章を書きます。

●説明文や提案書，意見文などを書く時，トロッコの見出しを見て，自分の書く文章の表現様式に合ったものを選べるようにします。文章構成を考え，次のように説明の言葉を選んで書きます。

> ・説明文を書く時－問いかけ・呼びかけの言葉，理由を述べる時，例を挙げる時，結論の言葉など
> ・調査報告書を書く時－活動・調査報告の言葉，写真や図表・グラフを使う時，成果として出たこと，考察の言葉など
> ・意見文を書く時－意見を述べる時，問いかけ・呼びかけの言葉，引用したこと，推測したこと，考察の言葉など

●教室に大きく拡大したものを貼り，次の学習以降に出てきた説明の言葉を書き加えていき，学習の足跡を残すことも考えられます。

授業での活用アイデア

　国語科の学習で，説明文・意見文・調査報告書を書く学習や，写真・図表・グラフを使って説明する学習で使用します。

　社会科の学習で，調べ学習を行い，調査報告をする時など，この説明の言葉を見て書くようにします。

　各教科等での「説明」を行ったり，「説明文」をまとめて書く時に活用できます。

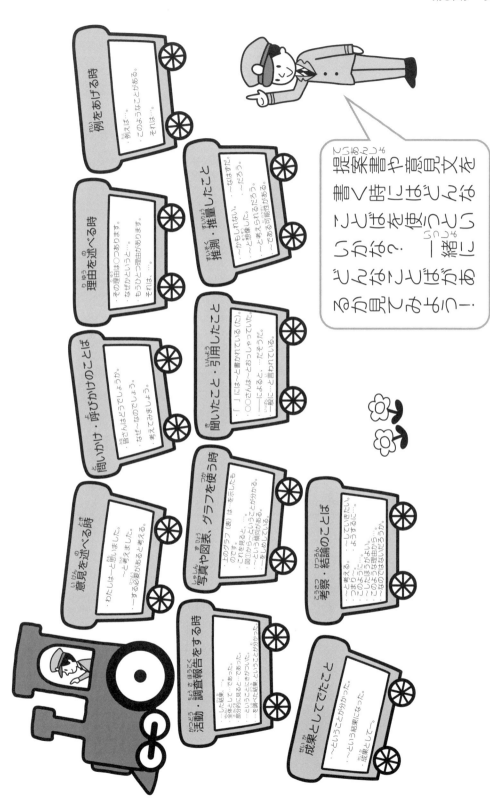

第4章 「読むこと」の能力を高める！教室掲示ポスター&言語能力アップシート

1. 文章や本を読んでいこう—読むことのプロセス

教室掲示ポスター&言語能力アップシートのねらい

　読むことの授業で大切なのは，各単元における読書活動の学習プロセスが児童にとって明確になっているかどうかということです。PISA調査が示した「読解リテラシー」で，読書行為の過程に応じる能力を大切にしているのも読書力の基本であると考えられているからです。右頁のようなポスター&アップシートを作成し，児童が自主的に読書計画を構想して進められるよう，単元展開に明確に位置付け支援していきましょう。

内容と指導のポイント

- 文章や本を読む時，はじめに，「何を読むの？」かを考えます。フィクションとノンフィクションでは，全く違ったものになります。
- 文章や本を自分で読めるようにするためには，どの児童にも課題をつかませ，読書計画を立て，選ぶ本や読み方を考え，何にまとめるのか，まとめたものは誰にどのように伝えるのか，自分の読書行為のプロセスを見つめ，めあてのように読めたのか振り返りをしていきます。
- クイズや音読発表会，劇を演じる，お気に入りの本の紹介や説明等，「何にまとめ，誰にどのようにして伝えるのか」について見通しをもって進めていきます。学習の必要性をもち，リライト，パラフレーズ，抜粋をしたりする言語操作を取り入れていきます。

授業での活用アイデア

　読書のプロセスを読書生活の構築と関連付けていきます。本の選択には，自由読書と課題読書があります。自由読書では，目標をもった読書（井上一郎編著『ブックウォークで子どもが変わる』明治図書，2005年）による学校上げての取り組みも有効です。また，本や文章を読んで自分の考えをまとめ，児童同士が交流する活動では，例えば，次のような活動があります。はじめの一歩に相応しい活動を選んで取り組みましょう。

```
・語り……音読・朗読，ナレーション，アフレコ（アフターレコーディング）等
・紹介……読み聞かせ，ストーリーテーリング，ブックトーク，プレゼンテーション，宣
　　　　　伝等
・対話……説明会，報告会，意見発表会，放送，ポスターセッション，案内，討論会等
・口演／公演……劇，人形劇，紙芝居劇，影絵劇，パネルシアター等
```

ぶんしょうや本をよんでいこう！

（参考文献：井上一郎著『「読解力」を伸ばす読書活動』明治図書，2005年）

2．いろいろな本を読もう―形式の種類

教室掲示ポスター＆言語能力アップシートのねらい

　本にはいろいろな分類の方法があります。一つは，図書館で広く使われている内容による分類，NDC分類法です。他にも書店でよく見かける発行形態による分類の方法や，販売対象による分類の方法があります。三つの分類方法をポスター＆アップシートに示すことで，本を多面的に捉えられるようにしました。児童が様々な種類の本があることに気付くことで，本に興味をもち，楽しい読書生活が送れるようにしています。

内容と指導のポイント

●三つの分類方法を示しています。
　一つの分類の方法だけではなく，いろいろな分類の方法やそれによる種類があることに気付き，本に対して興味がもてるようにと考えました。1冊の本が，違う分類方法だとどの種類になるのかを考えたり，お話（作品）でも，単行本，文庫本，絵本，コミックなどいろいろな発行形態があり，その形態によって表現の仕方に違いがあることに気付いたりできるようにしています。

●難しい種類の本（言葉）については，解説をしています。
　第1ステージなので，聞き慣れのない本の種類については，どのような本なのかイメージできるように解説を加えています。

●一つ一つの種類の本にチェック欄を設け，チェックができるようにしています。
　読んだらチェックができるようにすることで，いろいろな種類の本に興味をもって読書の幅が広がるようにしています。

授業での活用アイデア

　図書館での学習や読書指導の時間に，児童と一緒に分類方法，種類を確かめたり，実際に違う装丁の本を手に取ってみたりするとよいでしょう。また，一つのお話（作品）のいろいろな装丁本を比べ読みして，表現方法の違いに気付く活動をすると，それぞれの本の特徴が明らかになり，本に対する親しみが増します。このポスター＆アップシートをもとにして，ブックウォーク宣言の計画を立てるのもよいでしょう。

「読むこと」の能力を高める！ 教室掲示ポスター＆言語能力アップシート 第4章

第1ステージ

いろいろな本を読もう

本にはいろいろな種類がありますね。

まちの図書館や本屋さんに行くと、本を仲間分けしてわかりやすく並べています。
ここでは3つの仲間分けの方法を紹介しています。
図書館や本屋さんに行って一度たしかめてみるとよいですね。

- ☐ 総記
- ☐ 哲学
- ☐ 歴史
- ☐ 社会科学
- ☐ 自然科学
- ☐ 技術
- ☐ 産業
- ☐ 芸術
- ☐ 言語
- ☐ 文学

NDC分類

図書館はNDCで分類されているね。

- ☐ 単行本　一冊で出された本のこと。
- ☐ 文庫　単行本で発売されてから時間がたって発行される。単行本より小さいサイズで安く売られている本。
- ☐ 新書　文庫よりやや大きいサイズの小型本。
- ☐ 全集
- ☐ 双書【シリーズ】
- ☐ ムック　雑誌と本をあわせたもの
- ☐ 事典
- ☐ 図鑑
- ☐ 絵本
- ☐ 雑誌
- ☐ まんが
- ☐ 電子書籍
- ☐ ビデオ

- ☐ 一般の本
- ☐ 教養の本
- ☐ 実用書
- ☐ 専門書
- ☐ 婦人書
- ☐ 児童書
- ☐ 学習参考書

本屋さんには、いろいろなコーナーがあるね。どんなコーナーがあるか、探してみよう！

同じお話でも…
単行本、文庫、シリーズ、絵本、まんがなどいろいろな種類の本になっているものがあります。比べ読みをしてみるとおもしろいですね。

たとえば…絵本「てぶくろ」だと、文学・絵本・児童書の種類ということになります。

（参考文献：井上一郎編著『読む力の基礎・基本－17の視点による授業づくり－』明治図書, 2003年
井上一郎編著『ブックウォークで子どもが変わる』明治図書, 2005年）

3. 本をもっと活用しよう
―表紙・題名・目次・索引・凡例の読み方

教室掲示ポスター&言語能力アップシートのねらい

　表紙や題名（タイトル），目次などの本の構造を知ったり，その役割に目を向けて楽しんだりするためのポスター&アップシートです。表紙や裏表紙，しおりや小口など文字通りの本の構造もありますが，このポスター&アップシートでは「表紙」「題名」「目次」「索引」「凡例」と構造の機能的な部分を取り上げています。表紙を見ると，物語と科学読み物ではその作りには違いがあります。表紙に必ず載っている題名（タイトル）の構造も，物語と科学的読み物ではその違いを意識することができます。目次や索引，凡例という各部分の役割や働きにも興味をもって読書活動に取り組むことをねらいにしています。

内容と指導のポイント

- 「表紙」「題名」「目次」「索引」「凡例」
　それぞれには何が書いてあり，また，どんな働きがあるのかを考えます。本に付けてあるカバーや帯も楽しみの一つです。「凡例」は「この本のべんりな読み方」などと示されています。
- 読書で育む想像力
　本の読み方の一つに，予測して読むということがあります。予測するための手がかりとして，表紙や題名，目次を活用できます。
- 自分の読みたいところから読む
　いつも本一冊を全部読むのではなく，目次や，索引や凡例を使って自分の読みたいことに注目して速く読んだり，調べたいことを読んだりする方法にもチャレンジします。

授業での活用アイデア

　読書活動の時間に，クイズ的に問題を出したり，実物を読んだりしながら索引や凡例に親しむ授業をすることができます。
　また，国語の授業として，図書室にある蔵書の題名をみんなで調べ，題名を分類し，どんな構造でできているのかを発見していくと楽しい学習になります。

本をもっとかつようしよう
ひょうし　だいめい　もくじ　はんれい　さくいんのよみかき

「ひょうし」のよみかた

本には、ひょうしやもくじなどのつくりがあります。つくりは、いろいろとやくわりをもっています。

ひょうしには何が書いてあるかなな？

ものがたり	かがくよみもの
○だいめい	○だいめい
○作者名	○書いた人の名前
○訳者名（日本語にほんやくした人）	○本を作った会社の名前
○絵をかいた人	○写真
○絵	

「だいめい」のよみかた

だいめいはどく者へのメッセージ

①どんなだいめいがあるかな。

ものがたり	かがくよみもの
○主人公の名前	○内容の説明
○シリーズ名	○事物そのもの
○お話のテーマ	○「○○の○○」

②だいめいから、お話をそうぞうしよう。
③そうぞうしてから、本をよんでみよう。

「もくじ」のよみかた

もくじをかつようしよう

ものがたり	かがくよみもの
○見出し（小さなだいめい）とページ数を見よう。 ○よみたいところからよむのもいいね。	○もくじを見て自分が調べたいことを見つけよう。調べたいこと、よみたいことからよんでいこう。

「この本の使い方」のよみかた

「この本のべんりな使いかた」をせつめいしているページがあります！
①ずかん、じてんによくあります。
②そのずかん、そのじてんのよみかた（どこにどんなことが書いてあるか）をおしえてくれます。
③そのずかんのとくちょうもわかります。

「この本の使いかた」のことを「はんれい」とよぶこともあります。

「さくいん」のよみかた

「さくいん」は、知りたいことをさがすのにべんりです。

| かがくよみもの | ずかん | じてん |

①あいうえおじゅんで、しらべたいことをみつけることができます。
②しゅるいべつやなかまべつに書いてあるさくいんもあります。
③さくいんは、本のさいごのほうにあることがおおいです。

4．読書感想文を書こう―構成・感想語彙

教室掲示ポスター＆言語能力アップシートのねらい

　このシートは，読書感想文を書くプロセスに沿って構成しています。このプロセスに沿いながら，感想語彙や構成の例を参考にして，読書感想文を書く指導を行います。

内容と指導のポイント

● 読書感想文に必要な要素の一つに，感想語彙があります。井上一郎著『「読解力」を伸ばす読書活動』（明治図書，2005年）には，感想語彙を学年ごとにまとめたものが掲載されています。たくさんの感想語彙を示して参考にできるようにしましょう。

● 読書感想文を書く時には，繰り返し本を読むことも重要です。再度本を読み，感想語彙を選び直したり，増やしたりしていきましょう。そして，選んだ感想語彙をどこに入れて文章にしていくのかを考えることで構成が決まってきます。感想語彙を付箋紙に書き，順序を入れ替えながら構成を工夫させるとよいでしょう。下は，読書感想文の構成の例です。モデルを示す時に，どのようなことが書かれているのか説明を加えておくと，児童もイメージが湧きやすくなります。また，自分と本とを結び付けることができるように，「登場人物と同じような経験，本に出てくる場面を体験したこと」「登場人物と似ているところや違うところ」「今まで読んだ本や経験したことから考えたこと」などを考えさせるとよいでしょう。

「はじめ」の例	「なか」の例	「おわり」の例
・初めて読んだ時の感想 ・本を読んで考えたこと ・読む前と読んだあとの違い　など	・感想の言葉の理由 ・自分と同じ・違うところ ・本を読んで気付いたこと ・自分が体験したこと　など	・本と出合ってよかったこと ・これからやってみたいこと ・考えたことのまとめ ・本を読む前との違い　など

● 組み立てメモをもとに感想を書いていく段階では，書き出しの工夫も大切です。会話文から入るパターン，主な感想から入るパターンなど，読書感想文のモデルを読み，どのような書き出しがあるか，児童と一緒に調べてみるのも効果があります。

授業での活用アイデア

　教科書教材を読んで感想を書く時に使ったり，長期休業中に感想文を書かせるために確認として使ったりすることができます。文章を読んで感想をもつことは，各教科等においても日常の読書生活においても必要なことです。あらゆる場面で繰り返し指導を行いましょう。

どくしょかんそう文をかこう

どくしょかんそう文とは、本をよんで、かんじたことやかんがえたことを ほかの人に つたえるための文です。かくときには かんそうの ことばを くふうしよう。

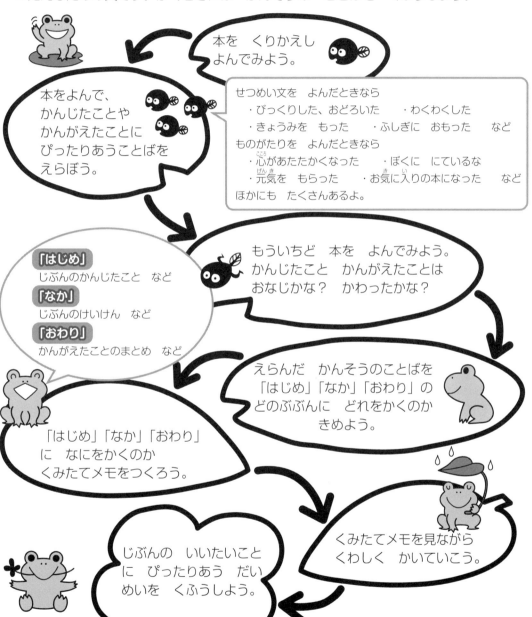

5. ポイントを押さえて要約しよう

教室掲示ポスター&言語能力アップシートのねらい

　要約とは，目的や必要に応じて，話や本，文章を短くまとめることです。要約する目的を明確にし，分量や時間，構成，表現のいかし方などを考えて要約する経験を重ねることが大切になります。このポイントシートは，実際に説明文を読んで要約したり，物語文の粗筋を書いたりする時に使います。

内容と指導のポイント

- 物語的な文章を読んで紹介したり，解説したりする時に使われる粗筋が，要約になります。主人公はもちろんですが，長い物語であれば，どの登場人物を入れるのかということを決める必要があります。また，結末まで書かないほうが興味をもたせる場合もあります。したがって，同じ物語でも粗筋は違ってきます。
- 説明的な文章を読んで引用したり，ポイントをまとめて活用したりする時にも要約が必要となります。もとにする文章の中から，筆者の考えや結論が書かれているところを中心にし，キーワードやキーセンテンスを選んでいきます。事例を入れるのかということも分量（字数）によって変わってきます。
- 物語的な文章でも説明的な文章でも，目的や分量（字数）によって，でき上がった要約文は異なります。ですから，この目的や分量を明示して指導することが重要です。

授業での活用アイデア

　国語科をはじめ，各教科等で活用します。

○物語的な文章の要約
　・よく知っている昔話や物語の粗筋を書いて，違いを比べ，粗筋を書く時のポイントを見つけてまとめる。
　・条件を変えて粗筋を書き，違いを比べる。
　　（例：登場人物を○人にする。結末を書かない。文体をいかす。会話文を○箇所入れる。）

○説明的な文章の要約
　・要約する時の字数を変えて，同じ文章を要約し，残したキーワードを確かめ合う。
　　（例：150字→100字→50字）
　・目的を変えて要約し，それぞれでき上がった要約文を比べる。
　　（例：○○ができた歴史をまとめる。○○がなぜできたのかについてまとめる。）

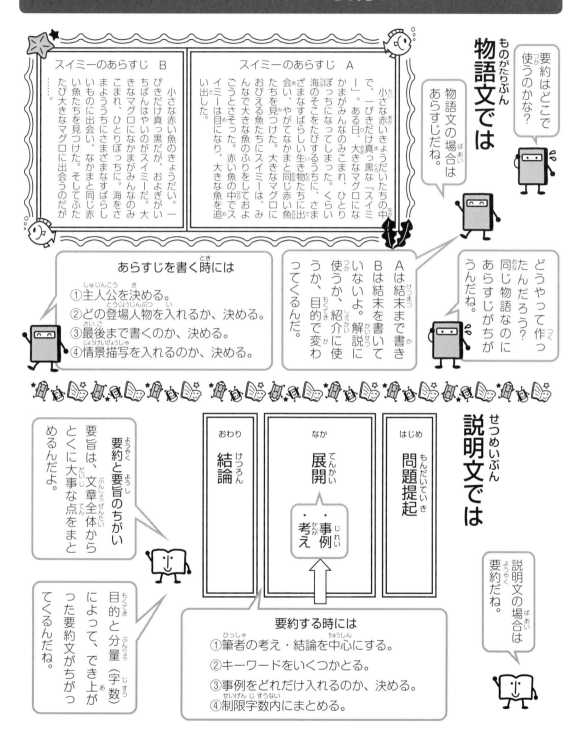

6．目的を考えて引用しよう―目的・形式・表現

教室掲示ポスター&言語能力アップシートのねらい

　自分の考えを根拠付けたり，説得力をもたせたりする際に，本や文章などから必要なものを抜き出して「引用」することがあります。このポスター&アップシートでは，引用の目的，引用するもの，引用の形式，引用のきまりなどを学び，目的に応じた引用ができるようにすることをねらいとしています。また，直接引用や間接引用の引用表現の文例を知り，実際に使うことができるようにすることも大切に考えています。

内容と指導のポイント

- 引用について学ぶ旅に出かけるという目的のもと，イラストの子どもたちとバスに乗り，バス停にいる動物たちに引用についての知識を教えてもらうポスターです。児童も，同じようにワクワクした気持ちで引用について学ぶことができることと思います。
- バス停にいる動物たちが，次々に引用に関する疑問を解決してくれます。まず，1つ目のバス停で，タヌキが「引用の目的」を教えてくれます。次に，2つ目のバス停で，カタツムリが「引用するもの」を教えてくれます。そして，3つ目のバス停で，キツネが「引用の形式」について教えてくれます。最後に，4つ目のバス停で，リスが「引用のきまり」について教えてくれます。
- 児童が実際に使えるように，直接引用や間接引用の引用表現の文例を載せました。
　ゴールしたあとには，実際に引用表現の文例を使って，引用してみるとよいでしょう。

授業での活用アイデア

　各教科等のいろいろな場面で引用表現を取り入れることができます。具体的には，以下のような活用アイデアが考えられます。

- 新聞記事の中から引用表現を見つけ，どんな目的で引用されているのか考えます。
- 家の人にインタビューして，話してもらった内容を引用して作文などに書きます。
- 総合学習などの調べ学習で，目的に合った図や表，グラフなどを探し，引用します。
- 本の紹介や読書感想文などで，本の文章や言葉を引用します。

(参考文献：井上一郎著『話す力・聞く力の基礎・基本』明治図書, 2008年
井上一郎編著『小学校国語「汎用的能力」高める！アクティブ・ラーニングサポートワーク』明治図書, 2015年）

7．いろいろな本にチャレンジしよう
―シリーズ・ジャンル・物語文と科学読み物の特徴

教室掲示ポスター＆言語能力アップシートのねらい

　本のジャンルを知り，いろいろなジャンルの本を読むことにチャレンジするためのポスター＆アップシートです。ジャンルを意識することで，よく読んでいる本やあまり読んでいない本に気付くことができます。ジャンルの特徴を知ることで，たくさんの本と出合い，読書の楽しさをさらに味わうことができるようにすることがねらいです。

内容と指導のポイント

● 本のジャンルを知ります。
　　本には，いろいろなジャンルがありますが，ここでは，子どもたちに身近な「物語」「科学読み物」「民話」「ノンフィクション」を取り上げます。
● ジャンルの特徴を知ることで，いろいろなジャンルの本に興味を広げます。
　　このポスターに取り上げているジャンルの他にも，「絵本」「図鑑」「詩集」「エッセイ」などのジャンルがあります。児童の実態やステージに合わせて，紹介するとよいでしょう。
● 本には，ジャンルを意識した読み方の他にも，シリーズを読むおもしろさがあることも知り，本を比べて読む楽しさにつなげます。
　　本にはシリーズで書かれているものがあり，シリーズを読み進めることで，登場人物やテーマなどにについて新しい発見をすることができます。様々なジャンルの本を読む中で，シリーズの本にも出合い，登場人物の成長に気付いたり，あるテーマについてさらに知識を広げたりすることができると，本を読むことが一層楽しくなります。

授業での活用アイデア

　読書活動の時間に，自分の読書傾向を振り返ったり，読書の目当てを立てたりする時にこのシートを使って学習できます。新年度や新学期の始まり，読書月間の始まりなど，１年間の中で繰り返し活用するようにします。実際に，図書館で本を見ながらジャンルを知ったり，そのジャンルの本を本棚から探したりする学習も考えられます。ポスター＆アップシートの近くに，様々なジャンルの本を並べておくと，本を手に取るきっかけとなります。新しくチャレンジできたジャンルの本を紹介し合う活動や，ポスターの周りに紹介文を掲示する活動も読書への意欲につながります。

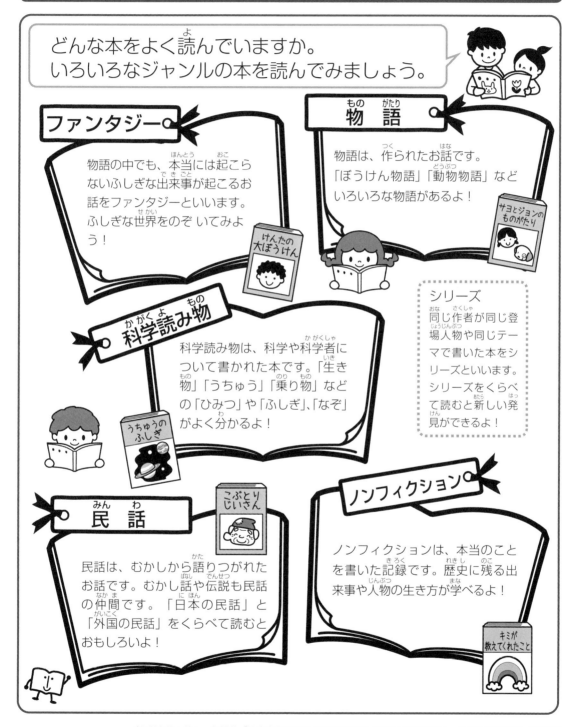

8．新聞の読み方

教室掲示ポスター＆言語能力アップシートのねらい

　読む力を育てていくためには，教科書の教材や図書資料以外の文書や表，グラフなどを読む経験が必要です。新聞は，テレビとともに身近なメディアですが，最近は新聞を購読していない家庭も多く，学習の中で取り上げる価値は大きいと言えます。

　ポスター＆アップシートでは，読んでいくための前提となる知識をもたせるために，新聞の主な内容や記事の仕組みを伝えます。また，読む時の注意点を示し，考えながら読ませていきます。新聞を書くことの指導にも活用できます。

内容と指導のポイント

● 新聞とはどのようなものかを示します。多数の人々や広い範囲に配布されるメディアとして編集されていることであることを押さえます。記事は，5W1Hが書かれていることも理解させたいです。
● 読み方では，見出しや写真にも目を向けて読んでいくことに気付かせるようにします。レイアウトや大きさにも注意することをヒントとして付け足してもよいです。
● 2紙以上を比べて読むと記事の意図がはっきりすることを知らせます。
● 割り付けや見出しのポイント，編集については「書くこと」の内容と関連付けて学習していくことで，理解を深めさせていきます。

授業での活用アイデア

○ 新聞記事を読み比べる学習では，ポスターに示された特徴を確認したり，読み方の注意点を活用して読んでいくと有効です。

---

① 記事の中から「いつ」「どこで」「だれが」「なにを」「なぜ」「どのように」を見つけて　マーカーで線を引きます。
② 書き手の伝えたいこと（主張）を要約します。
③ 心に残った言葉を書き抜きます。
④ 自分の考えを書きます。
⑤ 友達と考えを交流します。交流して，さらに考えたことを書きます。

※学習したことをもとに，自分たちで新聞を作る場合にもポスターは活用できます。

新聞を読もう

新聞の特ちょうや記事の読み方を知って、新聞をもっと活用しよう！

新聞の特ちょう

多くの人々や広い範囲に配布される
メディアとして編集されたもの

内容 社会　経済　政治　産業　国際　教育　文化　スポーツなど

記事
○逆三角形の構成
　結論を見出しで先に示し、リードから本文へと内容をくわしく書いている。

○事実を伝える報道記事や意見を伝える社説・コラムや解説がある。
○面立て…政治が２面、国際が６面など、各新聞で載せる面が決まっている。

新聞の読み方

記事が報道記事かコラムかを考えて、
編集の仕方や記事の書き方に注意して読もう

○見出しや写真は何を伝えようとしているのかな。
○本文には、編集者のどんな意図があるのかな。
　だれの、どのような話が引用されているかを手がかりに考えよう。
　同じできごとを知らせる記事を読み比べることも手がかりになる。

新聞の読み方が分かったら新聞を読むのが楽しくなったぞ。

9. 要旨をまとめて活用しよう

教室掲示ポスター＆言語能力アップシートのねらい

　これは，要旨をまとめるプロセスを学べるポスター＆アップシートです。要旨は，筆者としても読者としても，目的や意図から見て重要な点をまとめたものです。このプロセスに沿って学習を進めていくことで，評論文や論説文などの説明的な文章を，要旨を捉えながら読む力を付けることを目指します。

内容と指導のポイント

●まとめた要旨を新聞などに生かす場合には，短くまとめないといけないため，キーワードや文節を拾っていきますが，要旨集を作る時など要旨を見ただけで全体の内容が分かるようにする場合には，論理的に話が進むように中心となる文を取り上げていきます。また，まとめた要旨を新聞にいかす場合と発表原稿にいかす場合では，言葉の使い方が異なります。このように，目的に応じて要旨の分量や表現の仕方が変わってきます。要旨をまとめる前に，目的をはっきりさせる必要があることを意識させましょう。要旨をまとめる目的には，シートの例以外には，次のようなことが考えられます。

> ◎一つのテーマについて，いろいろな人が書いた意見文や評論などの要旨をまとめて，どのような違いがあるかを読み比べ，自分の意見をもつための参考にする。
> ◎みんなが書いた意見文の要旨をまとめ，要旨集として編集する。
> ◎感想を書く時，筆者の意見に対して，自分はどのように考えるのか，要旨をまとめた上で自分の考えや意見を述べる。

●要旨を捉えるためには，冒頭部や終結部の結論だけではなく，文章構成，文章に書かれている話題，使っている事例，叙述の仕方など文章全体から捉える必要があります。筆者のものの見方や立場，考え方は，結論以外にも表れているからです。大事な点だけをまとめる要約とは違うことを意識させながら，書かせるようにしましょう。

授業での活用アイデア

　説明的な文章を読んで要旨を捉える学習を行う際，要旨の活用例を参考にして学習課題を立てたり，要旨をまとめる手順を学習計画にいかしたりすることができます。また，国語の授業だけではなく，社会科や総合的な学習の時間などで，調べたことをまとめたり発表したりする時にも活用していきます。

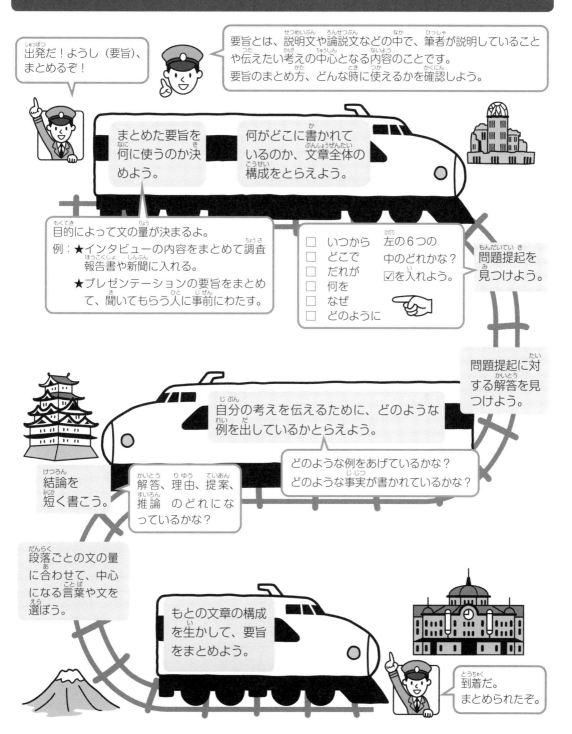

10. 図表を読む時は注意しよう

教室掲示ポスター&言語能力アップシートのねらい

非連続型テキストであるグラフや表などの図表を読む時に注意するポイントを，児童が想起するためのポスターです。ポイントごとに吹き出しがあるので，ポスター下部にあるグラフをどう読めばよいのか，具体的に捉えることができます。

内容と指導のポイント

●図表を読む五つのポイント

> ①タイトル，②グラフ・表の意味，③注目点，④考察，⑤引用

図表を読む時にはまず「①タイトル」を読んで，何についてのグラフ・表なのかを理解する必要があります。次に縦軸と横軸の目盛りを読んだり，その目盛りの幅の違いを確かめます。円グラフなら項目ごとの内容を押さえたりすることで，表の中の数値やグラフの線や円などが何を「②意味」しているのかを考えます。そして，「③注目」する部分を見つけ，そこから分かることを「④考察」します。文章にしたり，誰かに発表したりする際に，それらの資料をどこから「⑤引用」したのか明記するように指導することは，情報教育の観点からも欠かせないことです。

●キャラクターの吹き出しと実際のグラフを対応させる。

ポスター下部のグラフをどう読めばいいのか，吹き出しにヒントと解答を記載しています。

授業での活用アイデア

算数の単元で集中的に学習できることはもちろん，グラフや表などの図表が多く使われる社会科や理科の学習では，日常的にこれらのポイントに基づいて図表を読む指導を繰り返しておくことが大切です。そのようにして読み取った図表に考察を加えられるようになることで，国語科や総合的な学習の時間で資料を効果的に使って書いたり，話したりすることが可能になります。ポスターとアップシートのどちらであってもいいので，はじめのうちは教室内で児童が日常的に見ることができるようにしておくとよいでしょう。

11. いろいろな読み方にチャレンジ―速読・多読・摘読をしよう

教室掲示ポスター&言語能力アップシートのねらい

　このポスター&スキルアップシートは，速読，多読，摘読の三つの読書活動について，その目的や読み方を視覚的に分かりやすく示したものです。

　児童が目的に応じて資料を収集し，それらの資料の中から必要な情報を取り出すためには，なるべくたくさんの資料を限られた時間内に読むことが必要です。そのために適した読書活動が，①文章の内容を速く読み取る速読，②一度にたくさんの本を読む多読，③必要な情報だけを拾い読みする摘読の3つです。

内容と指導のポイント

●速読の仕方……内容をできるだけ早く読み取るために次のことに気を付けて読みます。
　・目を行の中心あたりに置いて，上下あるいは左右に流すように目を動かして文面を読む。
　・接続詞や文末表現に気を付けて内容を予想して読む。
　・具体例は読み飛ばす。

●多読の仕方……限られた時間内に多くの本を読むために次のことに気を付けて読みます。
　・速読をしながら多くの本を読む。
　・シリーズ本を，共通するパターンを意識しながら読む。
　・同じテーマを取り上げた本を関連させて読む。
　・目標読書である「ブックウォーク」で目標を設定して読む。

●摘読の仕方……必要な情報を拾い読みするために，次のことに気を付けて読みます。
　・目次や小見出しを見て必要な情報が書かれているところを予測して読む。
　・キーワードを手がかりに必要な情報のある部分に見当を付けて読む。

授業での活用アイデア

　具体的な学習活動としては，以下のような学習活動が考えられます。

- シリーズを読む授業，同じ作者の作品を読む授業，同じテーマで書かれた物語を読む授業
- 様々な並行読書，比べ読みや重ね読みの学習，ブックウォークの取り組みなど
- 種類の違う新聞から同じ出来事を報道する記事を探して集める学習活動や，関心のある記事を選んで集める学習活動など，新聞を使った学習活動や情報の収集
- 広告や雑誌からカタカナや漢字で書かれた言葉を探して集める学習活動

第4章 「読むこと」の能力を高める！ 教室掲示ポスター＆言語能力アップシート

第3ステージ

いろいろな読み方にチャレンジ―速読・多読・摘読をしよう

限られた時間に、なるべく広い視野から必要な情報を集めたい時

目的に合わせて、いろいろな読み方を選んで読もう！

Q 速読ってどういう読み方？ どうすればいいの？

A 速読は、できるだけ速く読む読み方！

ポイント
- 目は行の中心におく。
- 上下左右に動かす。
- 予想して読む。
- 具体例は読み飛ばす。
- 接続詞をてがかりに。

Q 多読ってどういう読み方？ どうすればいいの？

A 多読は、できるだけ多く読む読み方！

ポイント
- テーマをきめて。
  - ○シリーズ読書
  - ○同じ作者の作品
  - ○同じ主題の作品
- ブックウォークに挑戦。

Q 摘読ってどういう読み方？ どうすればいいの？

A 摘読は、必要な情報だけ拾い読みする読み方！

ポイント
- 目次や見出しを使って。
- キーワードをたどって。
- データの検索機能を使って。

（参考文献：井上一郎編著『小学校国語「汎用的能力」を高める！アクティブ・ラーニングサポートワーク』明治図書，2015年）

12. 読むことの達人になろう
　　―リーディングストラテジー（予想して読む・
　　関係付けて読む・疑問をもって読む等）

教室掲示ポスター＆言語能力アップシートのねらい

　このポスター＆アップシートは，本や文章を読む時に，目的に応じて様々な読み方（リーディングストラテジー）があることに気付かせるためのものです。一つの文章（1冊の本）でも異なる読み方ができること，読む前にどのような読み方をするかを考えることで，文章（本）の楽しみ方が変わることを知る手がかりになります。

内容と指導のポイント

- ここでは第3ステージに合わせて，たくさんある文章（本）の読み方から16の読み方を抽出して紹介しています。読み方は大きく文学的文章を読む場合と説明的文章を読む場合とで分けて考えられますが，あえてその区別をせずに挙げています。他にどんな読み方があるのか児童と一緒に考えてみることもできます。
- 一つの読み方だけに絞ったり，複数の読み方を組み合わせたりして読む。
- 「本当にそうかなと考えて読む」（批判的に読む），「編集した人の考えを読む」（エディットの意図を読む）の二つは児童にとって難易度の高い読み方かもしれませんが，作者（筆者・編集者）の考えや意図を客観的な視点で認知する力は，メディアリテラシーの視点からも鍛えたい力です。

授業での活用アイデア

　各教科等の読むことの学習で活用することができます。読み方を整理して提示することで，「あの時の読み方と一緒だ」「こんな読み方をしてみたい」と，文章を主体的に読む手がかりとすることができます。

　単元の学習計画を立てる場面で，学習課題を解決するためにはどのような読み方が必要なのかを考える時のヒントにもなります。

　学校図書館などに掲示をして，読書啓発にも使えます。児童が自分で選んだ読み方に挑戦できたら，「（書名）を〇〇読みしてみたよ」と読書カードに本を紹介する文と，どんなことに気付いたかを書かせて一緒に掲示すると，友達の読み方を参考に自分の読書の仕方を振り返ることもできます。

読むことの達人になろう

文章は、何を目的にして読むかによって、何通りもの読み方ができます。いろいろな読み方に挑戦してみましょう。

題名を読む
題名から想像して

構成を読む
段落同士の関係や役割をとらえて

要約して読む
要点を短くまとめて

比べて読む
共通点やちがい点を探しながら

評価しながら読む
自分が決めた基準で価値を判断しながら

図解して読む
簡単な図や記号に置きかえて

関連付けて読む
かかわりやつながりを考えて

予想して読む
先や最後の部分を予想して

イメージして読む
ことがらを想像しながら

視点を変えて読む
違う立場や視点で

本当にそうかなと考えて読む
異なる考えができないかを考えて

編集した人の考えを読む
編集者が加えたり変えたりした部分を考えて

表現の特徴を読む
言葉の選び方・文の組み立て方に注目して

著者のメッセージを読む
一番伝えたいことを探しながら

重ねて読む
同じ著者、同じテーマで書かれた文章を探して

広げて読む
関係のありそうな他の文章を探して

（参考文献：井上一郎編著『読解力を育てる！小学校国語定番教材の発問モデル 物語文編』明治図書，2015年
井上一郎編著『読解力を育てる！小学校国語定番教材の発問モデル 説明文編』明治図書，2015年）

【執筆者一覧】

井上　一郎	元文部科学省教科調査官・元神戸大学・京都女子大学教授
永池　啓子	元神奈川県横浜市立白幡小学校校長
副島江理子	神奈川県横浜市立緑園東小学校校長
河村　祐好	東京都武蔵野市立千川小学校校長
加藤　理沙	京都府京都市立御所南小学校教諭
進藤　弓枝	京都府京都市立梅小路小学校校長
竹中　里佳	大阪府四條畷市立岡部小学校教諭
岡崎　理真	兵庫県高砂市立米田小学校教諭
瀧本　晋作	兵庫県尼崎市立園田北小学校教諭
神明　照子	福岡県北九州市立清水小学校教諭
常田　望美	福岡県北九州市立大積小学校教諭
藤永　真良	福岡県北九州市立南小倉小学校教諭
古川　元視	佐賀県唐津市立相知小学校校長
牛草　美佳	佐賀県西部教育事務所指導主事
青山知佐子	佐賀県唐津市立大志小学校教諭，佐賀県西部教育事務所指導主事
鶴田　晋子	佐賀県西部教育事務所北部支所指導主任

【編著者紹介】

井上　一郎（いのうえ　いちろう）

国語教育学を基盤に教育改革を目指す教育学者。奈良教育大学助教授，神戸大学教授，文部科学省初等中等教育局教育課程課教科調査官，国立教育政策研究所教育課程研究センター研究開発部教育課程調査官・学力調査官，京都女子大学教授歴任。

〈主な著書・編著書〉（出版社：すべて明治図書，特記除く）
『読者としての子どもと読みの形成』1993，『読者としての子どもを育てる文学の授業』1995，『多様な読みの力を育てる文学の指導法』全3巻，1998，『語彙力の発達とその育成』2001，『くどうなおこと子どもたち』2001，『文学の授業力をつける』2002，『読書力をつける―読書活動のアイデアと実践例16―』2002，『読む力の基礎・基本―17の視点による授業作り―』2003，『伝え会う力を豊かにする自己発見学習』2003，『国語力の基礎・基本を創る―創造力育成の実践理論と展開』2004，『読解力を伸ばす授業モデル集』上・下巻，2005，『ブックウォークで子どもが変わる』2005，『誰もがつけたい説明力』2005，『読解力を伸ばす読書活動―カリキュラム作りと授業作り』2005，『調べる力を高める64のアイデアと授業』2006，エッセイ集『子ども時代』2007，『書く力の基本を定着させる授業』2007，『コンピュータを活用した国語力の育成』2008，『話す力・聞く力の基礎・基本を育てる―小学校―』上・下巻，2008，『話すこと・聞くことの基本の能力の育成―中学校―』2008，『話す力・聞く力の基礎・基本』2008，『知識・技能を活用した言語活動の展開』2009，エッセイ集『教師のプライド』東洋館出版社，2009，『言語活動例を生かした授業展開プラン』低・中・高学年編，2010，『学校図書館改造プロジェクト』2013，『記述力がめきめき伸びる！小学生の作文技術』2013，『学力がグーンとアップする！自学力育成プログラム』井上一郎，永池啓子共編，2014，『読解力を育てる！小学校国語定番教材の発問モデル』物語文編，説明文編，2015，『読書活動でアクティブに読む力を育てる！小学校国語科言語活動アイデア＆ワーク』井上一郎編，古川元視著，2015，『小学校国語科汎用的な能力を高めるアクティブ・ラーニングサポートワーク』2015。

アクティブ・ラーニングをサポートする！
小学校教室掲示ポスター＆言語能力アップシート事典

2017年7月初版第1刷刊	ⓒ編著者	井　上　一　郎
	発行者	藤　原　光　政
	発行所	明治図書出版株式会社

http://www.meijitosho.co.jp
（企画）木山麻衣子（校正）㈱東図企画
〒114-0023　東京都北区滝野川7-46-1
振替00160-5-151318　電話03(5907)6702
ご注文窓口　電話03(5907)6668

＊検印省略　　　　組版所　藤原印刷株式会社

本書の無断コピーは，著作権・出版権にふれます。ご注意ください。

Printed in Japan　　　　ISBN978-4-18-218419-2

もれなくクーポンがもらえる！読者アンケートはこちらから　→

読解力を育てる！定番教材の発問モデル 小学校国語

井上　一郎 編著
B5判・物語文編 本体2,460円＋税　図書番号：1913／説明文編　本体2,500円＋税　図書番号：1914

アクティブ・ラーニング型の授業を行うには、子どもが自ら学ぶよう仕掛ける教師の発問力が重要。でも効果的な発問をイチから構想するのは困難… そこで本書では、子どもが主体的に学ぶ仕掛けを盛り込んだ発問を定番教材毎に丸ごと収録しました！　物語文編、説明文編の全2巻。

小学校国語 「汎用的能力」を高める！アクティブ・ラーニング サポートワーク

井上　一郎 編著
B5判・176頁・本体2,700円＋税　図書番号：1957

アクティブ・ラーニング時代に必要な汎用的能力を育てる！

ＡＬ型授業を行うためには「汎用的能力」の育成が必要。音読力、討論力、構成力、記述力、考察力、要約力、精読力、思考力等、全ての教科で生きる汎用的能力を言語活動を通して育てるワークシートを82本収録しました！国語授業はもちろん朝学習や宿題でも活用可能。

明治図書　携帯・スマートフォンからは **明治図書ONLINEへ**　書籍の検索、注文ができます。　▶▶▶
http://www.meijitosho.co.jp　＊併記4桁の図書番号（英数字）でHP、携帯での検索・注文が簡単に行えます。
〒114-0023　東京都北区滝野川7-46-1　ご注文窓口　TEL 03-5907-6668　FAX 050-3156-2790

＊価格は全て本体価表示です。